经营者的口袋书——经营战略　随时解惑

经营战略应急指南

早稻田名家实战教范

〔日〕远藤功◎著
文渡函◎译
文康盐◎译评

海天出版社（中国·深圳）

图书在版编目（CIP）数据

经营战略应急指南 ：早稻田名家实战教范 / （日）远藤功著；文渡函，文康盐译. — 深圳 ：海天出版社，2016.4

ISBN 978-7-5507-1554-7

Ⅰ. ①经… Ⅱ. ①远… ②文… ③文… Ⅲ. ①企业战略－指南 Ⅳ. ①F272-62

中国版本图书馆CIP数据核字(2016)第025177号

经营战略应急指南——早稻田名家实战教范
JINGYING ZHANLÜE YINGJI ZHINAN——ZAODAOTIAN MINGJIA SHIZHAN JIAOFAN

出 品 人 聂雄前
责任编辑 何志红 杨五三
责任技编 梁立新
装帧设计 线艺设计 电话 83460339

出版发行 海天出版社
地　　址 深圳市彩田南路海天综合大厦7-8层（518033）
网　　址 www.htph.com.cn
订购电话 0755-83460202（批发） 83460239（邮购）
设计制作 深圳市线艺形象设计有限公司 0755-83460339
印　　刷 深圳市天邦印刷包装有限公司
开　　本 889mm×1194mm 1/32
印　　张 8.5
字　　数 130千
版　　次 2016年4月第1版
印　　次 2016年5月第2次
定　　价 38.00元

序一

"商道秘宗"战略经营企业家私塾创始人
首席战略咨询顾问
全真龙门第二十代弟子
文康盐

这一本书，有六个大的特色：

一、实用特色——规律索引，应急指南

这样一本书，将思考经营战略时可能遇到的各种情况悉数囊括，而且篇目明确直指具体问题，几分钟即可掌握一个经营战略问题的"基本原理——思考方法——对策规律——经典例证"。

所以，在思考经营战略时，可按急需思考的问题，对应相关篇目任意快速查阅，获得即时的"指引"。

本书是经营者难得的口袋书、手边书，经营战略工具书，随身锦囊。完全可以做到"经营战略，随时解惑"。

二、内容特色——大课题小篇幅，举重若轻

紧紧围绕经营战略这个核心，直接点窍；三五分钟就能读完一节，十几分钟就能读完一讲，数小时即可通读全书。从“前言”直至“结语”，书中随处可见战略智慧的点点闪光；随手翻开任何一页，都能立地成“悟”。

令人有“真传一句话，假传万卷书”之感！

三、文化特色——精悍结合，实战交融

在西方战略思维体系中尽显东方文化精神，形成了更适合东方人运用、更容易理解接受的战略特色。

四、作者特色——三位一体，资历特别

作者远藤功先生同时身为企业家、咨询顾问、教授，使本书具备超常的可读性、深刻性、实用性。

五、译文特色——深度翻译，追求神准

译文尝试追求“深度翻译”的效果，即同时传达出或顾及：(1) 语义的精准；(2) 原著的风格；(3) 作者的特点；(4) 语种的味道；(5) 译者的个性；(6) 国人的习惯；(7) 思想的深意；(8) 方法论的升华（即在不违背原著原意的前提下，在翻译的遣词造句有选择性的情况下，将一些观念、原理尽量往方法论的方向引申，以使内容具备更强的实用性和指导意义）。

六、译评特色——评点精妙，揭示方法

几位企业家挚友及本书责任编辑希望我在每

一讲后面写一篇“译评”，以帮助读者更好地理解书中经营战略的“精髓”。之所以选择我，可能有两个原因：一是因为译者是我孩子，我们关于本书的交流讨论颇多；二是本人的职业和资历、“三位一体”的身份，几乎与作者远藤功先生“一模一样”，只不过他是名家，我是“草根”。

一者盛情难却、二者责任“连带”，所以还是不揣冒昧，勉强“续貂”。在译评中，我始终把握“帮助读者，独立自主”的原则，尽己所能：评点精妙之处，厘清思维逻辑，揭示战略方法；同时，保持自己独立的战略观点。所以在译评的个别地方，会看到我与作者在某个观点上的小小不同，但个人以为，独立战略观点的“交锋”更能让读者受益。如若不当，还请作者、读者见谅！

同时，因译者（我代表）和译评者水平所限，不足之处、错漏之处在所难免，希望读者、专家批评斧正。

2015年8月于广州

序二

中国果品流通协会连锁及电商分会理事长
深圳市百果园实业发展有限公司创始人、董事长
余惠勇

受恩师文康盐先生之邀，为《经营战略应急指南》（中文译本）写篇推荐序，既兴奋又忐忑。兴奋的是，早就耳闻我的学弟、恩师之子文渡函，在翻译一本关于“战略”的“口袋书”，希望一睹为快，今天终于可以如愿；忐忑的是，怕自己功力疏浅写不好。然，“师命难违”，唯认真对待；故将电子版文稿打印成册，一章一节，细细品读。读罢，掩卷沉思，感慨良多：这真是一部难得的好书，值得研读，值得推荐！

本人1995年进入水果行业，1997年产生了“愿望”，要创造一种全新的水果业态——“水果专营连锁店”。2002年，当感觉“身量”基本合适了，即义无反顾地开始创业。2002年7月18日，开出了第一家水果专卖店——百果园。随之，我们满怀激情，高歌猛进，在第二年就开出了40多家店；到2007年，我们总共开了70多家店。但问题接踵

而至，层出不穷，不但创业的激情已渐渐消退，而且陷入了资金短缺、效益低下、人心涣散、进退两难的困苦局面。这时，偶然的机会，我参加了文康盐老师创办的“商道秘宗”战略经营企业家私塾培训，全面系统地学习了“战略经营”知识，逐步具备了“战略经营”的能力，百果园也因此渐入佳境，终于扭转乾坤。近 8 年来，我们从只有 70 多家门店、难以为继的区域性小公司，发展成覆盖全部一线城市、拥有 1000 多家门店的全国性大型连锁公司。由于我们打破了行业禁忌，创造了行业奇迹，在业内有口皆碑，备受尊重！如果没有“战略经营”的思想和能力，百果园一定走不到今天。因此，我深知“战略”知识和理论对企业经营的重要性！

然而，以我的观察，在中国，真正能够运用正确“战略”知识和理论指导经营的企业，少之又少。以水果行业为例，百果园的成功，引发了水果行业非正常的高速发展。一方面，许多其他行业纷纷转入水果行业，片面认为水果行业很赚钱，根本不考虑他的“身量”“脾性”是否符合水果行业的本质；另一方面，许多同行完全模仿、拷贝百果园，甚至连装修设计都完全抄袭，他们认为百果园能成功，他们完全照搬、照抄，就一定能成功；这些都是由于他们不具备“战略”知识和理论导致。更令人忧心的是，当今社会，有了几家在互联网领域取得巨大成就的企业，掀起“全民互联网创业”的热潮，言必“互联网”思维；殊不知，每个行业有每个行业的本质和特性，传统行业，就应该用“传统的思维”来经营，这才是正道。“全民互联网创业”，与“大跃进”时代的“全民大炼钢铁”，没有本质的差别，都是没有“战略”思维的具体体现，其后果是导致社会效率、效益的低下，造成社会资源的极大浪费。

为什么会这样？中国企业家普遍缺乏“战略”知识和理论的学习；而通过各种培训、书籍传输给中国企业家的各种“战略”知识和理论，要么体系太过庞大，难以理解、消化，要么断章取义，“战略”知识和理论本身不够科学，难以真正指导到经营。而《经营战略应急指南》，是一本非常难得的关于“战略”知识和理论的好书。此书有“三奇”：

一奇：作者以“经营战略是活变的‘生物’”为主线，用十分精练的语言，从 15 个侧面分别阐述了“经营战略”的知识和理论；每个侧面均代表了不同类型、不同阶段的企业所应该关注的“经营战略”问题。因此任何阶段、任何类型的企业，均能从相关章节获益，成为名副其实的经营战略工具书！

二奇：文康盐老师以其深厚的功底，对作者的观点进行了详细解释，让读者能更深、更透地领悟到作者的思想精髓；特别是对作者的某些观点提出了疑义，使得本书更生动、更真切、更丰富，更逼近对“经营战略”本质的探求。作者远藤功教授，主讲“经营战略”；译评者文康盐老师，擅长“战略经营”；日中两大高手一主一辅、“同书论道”，实为难得！

三奇：翻译的书籍是否好，除了作者水平外，很大程度取决于译者的水平。而如此高质量的译作，竟出自一位初出茅庐的“处子”之手，令人叹服。本书的“译后记”，讲述了这部译作诞生的“励志故事”，犹如，大餐之后的一杯梅汁，使人消食醒神、回味无穷；又如，荒漠中的一片绿洲，让人燃起对中国青年乃至中国未来的期望！

本书原著的出版，作者的心愿是“希望能够引导日本企业，再次走向成功”。

而我衷心祝愿，这本由海天出版社出版的中

文译本，能让千千万万正在苦苦探索的中国企业，“将丰富的创造性与制定合乎道理的经营战略相结合”，从此，走向成功。

2015 年 8 月 24 日于深圳

序三

深圳市零售商业行业协会
深圳市连锁经营协会执行会长
花　涛

我从事行业协会工作整整18年，接触企业数以千计，包括世界级企业如沃尔玛、家乐福、百安居等，国内领先企业如华润万家、天虹、茂业、人人乐等，还有产品品牌连锁企业和服务类连锁企业如百丽、梵思诺、面点王、百果园、八马茶业、正章干洗等。很多企业，我看着它从零起步，发展到几十亿、上百亿级别；很多企业，我看着它因为换了一位领导者而起死回生，发展壮大。我发现有些企业发展得顺风顺水，轻松盈利，而另外一些企业辛辛苦苦，十分努力，却业绩平平，不甚理想。为什么？初看，似乎各有各的原因，不尽相同，但深究下去，会发现不如意的那些企业不约而同，都有一个共同的原因：经营战略有问题！或者没有战略，或者战略模糊，看似有战略却没有差异化，简单模仿，如此等等。没有战略，即没有取舍，看着忙忙碌碌，实际上很多是无用功；没有差异，要么就被湮没，要么就只能拼价格。这是很多企业经营者的心头之痛。

所以，我一直希望有一本书，讲解经营之道，我可以推荐给我所有的会员，给他们助力。这本书，一定要简单实用，好读易懂，容易落地实施，每节一个主题，零碎时间就可以学习（企业家都非常忙碌）；这本书，它千万不要那么高深，那么学术，那么大部头，让人难读难懂。

当我看到《经营战略应急指南》（中文译本）样稿，连夜就急急地浏览了一遍，真的是很高兴，这就是我所希望的那本书！我相信，它将会是很多企业经营者的福音。

这本书还有一个极具价值的亮点，就是它的"译评"，真的是非常精到，仔细品读，必定大有收获。"译评"出自我非常尊敬的老师文康盐先生之手。我因为工作的特点，接触的培训讲师、咨询师无数，文老师是让我受益最多的老师，是我认为水平最高的老师，他的"商道秘宗"倾倒无数企业家，堪称"大师"，但他本人却十分低调，自谦"草根"。他在我眼里应该是道家"上善若水"的践行者。

2015 年 8 月识于深圳

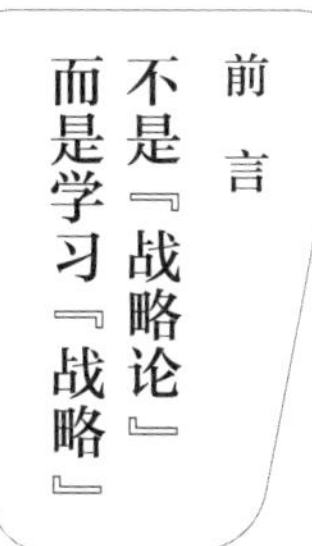

“经营战略是活变的‘生物’。”

这是我在早稻田大学商学院教经营战略的讲义的核心观点、是我作为企业战略顾问 20 年以上的经验总结。

我认为，人要经历充实的人生的话，需要像战略一样的东西，但是没有众人共同的“理论”和“正确答案”。能力、思维方式和性格不同的人们，在不断变化的时代里实现自己才有的成功，或者是一边盯着“幸福的形态”，一边灵活地活着。

企业的经营也是一样。理论适合的话一定就会发展顺利，像这样的“正确答案”是没有的。如果硬要“正确答案”，预想的目标结果出来的时候，才知道“那个经营战略是正确答案”。那个“正确答案”对于全部的企业来说当然不能成为正确的答案。

但并不是说“所以，不用学习经营战略也可以”。就像在人生方面，从各种各样的人的生存方式和经验中学习、得到教训，比自己亲身经历过的、好的人生有助于自己一样，经营战略也“从活例中学习”这一点非常重要。

百企百样的经营战略分别是经过怎样的过程诞生的、实践的，带来了怎样的结果，通过丰富事例内在联系的类似体验，理解经营战略的本质是什么；然后，那个本质挂在心头，想出自己公司的经营战略；进而在实践的延长线上，对“经营战略是什么”拥有自己的体会。在我的讲义里，设想了那样的学习过程。

总之，“通过各种各样的事例，想和大家一起思考经营战略那难以捕捉的‘生物’之真面目是什么”才是讲义的要点。不是从理论进入，而是从多样的事例，我想要提供能够制定有创造性的、关系到成果的经营战略的学习和认识。

虽然这里面的讲义风格凝结了我个人的想法，但是在其他商学院教的关于一般的经营战略的讲义内容也有所触及参考。那些学问大致区分的话，有两种分类。

一种是，以经营战略的“理论”为中心来教，几乎所有的情况，教师都是学者们。

虽然都统称叫“经营战略”，但是从学术来看的话，有规划学派、定位学派、资源理论学派等，还有很多学派。提倡创生战略理论的亨利·明茨伯格说，战略论学派分为10个，而且还在不断增加。当然，由各个观点提出的理论体系有很大的不同。

就算都是对的，令人困扰的是在许多听到过的场合，虽然理解理论“哦哦，原来如此”，但是无论怎么说明，现在也没有“心知肚明”的感觉。生动变化的商业实态常常会走在理论的前面，往往理论就变成附录在“书后的注解”。不得不说，“虽然不管对哪个学派都很有兴趣、能有启发，但都不能成为完美的理论”。

另一种是，经营战略的理论先暂且不管，在思考经营战略的时候使用模型框架和以工具为中心来教的讲义。

这是像我一样的“做过企业经营管理顾问”的教师喜欢使用的探讨方法。像一般被熟知的SWOT和3C、PPM、附加价值链分析等，总之要讲解的模型框架如群峰林立，以传授那些使用方法为形式进行课程。

那样的模型框架和工具不能说没有帮助。作为“道具”，在自己头脑中厘清事物本质也有有效的时候。但是非常遗憾，仅仅那样的工具即使学得再多、用得再多，也不能生出独特卓越的战略。

成为经营战略讲义主流的这些理论和模型框架，不论哪一个都要随着时代的变化和企业所处环境一起进化适应。反过来说，由于时代和环境的变化，很多知识陈腐了，变成不能使用的东西。

在制定经营战略之际，不要被理论和模型框架折腾，学习其原理原则比什么都要紧。不是被理论和方法折腾，而是直面经营战略的潜在“本质”。我认为这是研究经营战略、作为指导教师应有的正确态度。

在这本书中，我在早稻田大学的讲义首次公开，包含三个补讲共 18 章的讲义里，加进了多样的事例和我自身从事企业顾问参与的事例，能够在学习的同时也一定会有“心知肚明”的感觉。

事例、道理（理论）和道具（工具）三个要素被一致吻合理解的时候，就得到了活知识。不是一般的“战略论”，而是希望学习“战略”。

全球化竞争加速、经营环境激变的现在，许多的日本企业被迫重新考虑经营战略。再强调一次，经营战略是“生物”。不是抱住过去的经营战略不变，而是，不根据新的环境、时间点，制定鲜度高的经营战略的话，日本的企业不可能实现重生复活。

这一系列的讲义对于大家来说，是学习经营战略“本质”的第一步，衷心希望能够引导日本企业，将丰富的创造性与制定合乎道理的经营战略相结合，再次走向成功。

2011 年 6 月 远藤功

目录

序一　/1
序二　/4
序三　/9

前言　不是"战略论"而是学习"战略"　/1

讲义1　经营战略是什么　/1

经营战略是企业的灵魂归宿　/2
达成一致的组织目标　/4
经营是价值创造　/5
持续的差异化才是企业的目标　/6
自己创造出"特定价值"　/8
经营战略有层级　/9
案例研究1　小松的"绝对领先战略"　/12
>>>　讲义1译评　/17

讲义2　"游戏的规则"与经营战略　/19

为什么经营战略是必要的　/20

认识“游戏的规则” /22
用“优势矩阵”抓住事业特性 /24
“V字曲线”揭示出的真相 /27
案例研究2 戈恩改革日产的战略缘由 /30
>>> 讲义2译评 /34

讲义3 全球化竞争与经营战略 /37

为什么新日铁和住金要统一经营 /38
为什么神户制钢不加入重组 /41
事业特性是变化的 /42
案例研究3 NEC的PC事业部与联想合并的原因 /46
>>> 讲义3译评 /49

讲义4 “选择和集中”与经营战略 /53

“聚焦点”是基本 /54
“选择和集中”是“舍弃” /55
无节操的“综合”不是战略 /58
案例研究4 和“花心战略”诀别的三菱电机 /60
>>> 讲义4译评 /64

讲义5 战略预案与经营战略 /67

三个战略预案 /68
决定“定位” /71

案例研究5 汽车业界各公司的“定位” /73
>>> 讲义5译评 /76

讲义6 领袖战略 /79

在市场显示出压倒性的存在感 /80
规模曲线、经验曲线 /82
控制出售及流通的力量 /85
领袖的优势 /86
案例研究6 丰田的“全球化愿景” /88
>>> 讲义6译评 /91

讲义7 挑战者战略 /95

跟随不是战略 /96
革命性创新与一点突破 /97
不断成为挑战者 /98
案例研究7 以“Super Dry超爽生啤”挑战麒麟大本营的朝日啤酒 /100
>>> 讲义7译评 /104

讲义8 间隙领导者战略 /107

特定的“间隙”不容易 /108
相比规模还是追求收益 /110
应该以“平衡木经营”为准则 /111

案例研究8 彻底“收益重于规模”的广濑电机（Hirose） /114

>>> 讲义8译评 /118

讲义9 **经营战略只不过是“假设”** /121

不存在完美的经营战略 /122

肯德基炸鸡的战略转换 /124

一边运行，一边“进化”经营战略 /125

案例研究9 持续进化的Askul（爱速客乐） /127

>>> 讲义9译评 /131

讲义10 **增长与经营战略** /133

追求安定增长 /134

事业的生命周期 /136

安索夫的矩阵 /139

PPM的思想方法 /141

案例研究10 在“安全·安心”领域持续多元化的Secom（西科姆） /143

>>> 讲义10译评 /148

讲义11 **企业收购与经营战略** /151

最大的好处是“购买时间” /152

PMI的重要性 /155

因M&A的企业变革　/156
案例研究11　持续运转M&A战略的日本电产　/159
>>>　讲义11译评　/164

讲义12　**在现场起点制定经营战略　/167**
怎样发现经营战略的“芽”　/168
关注现场　/169
归纳法的探究方法　/170
战略存在于细节　/172
案例研究12　以现场起点的战略实现复活的旭山动物园　/174
>>>　讲义12译评　/178

讲义13　**创业与经营战略　/181**
创业的引擎是“愿望”　/182
从“1”培育到“100”经营战略不可少　/184
经营战略的“热量”　/185
案例研究13　以经营者的“主观”勇往直前的Mother-house（慈爱之家）　/187
>>>　讲义13译评　/191

讲义14　**经营战略的可行性　/195**
适合“身量”的经营战略　/196
适合组织风土、文化的经营战略　/198

案例研究14 可果美（Kagome）的战略转换 /201

>>> 讲义14译评 /206

讲义15 企业再生与经营战略 /209

成功的复仇 /210

Restructuring（重组）是结构改革 /212

持续提出“活”的经营战略 /214

案例研究15 以“破坏与创新”再生的Panasonic（松下电器）/216

>>> 讲义15译评 /220

补讲1 “资源理论”的思考方法 /224

补讲2 “幸存者利益”的思考方法 /228

补讲3 不要被框架摆弄 /232

结语 /235

作为“励志故事”的译者、译评者后记 /239

讲义1

经营战略是什么

欢迎来到远藤功的“经营战略”讲座。接下来包含补讲共18章的讲义，一起来学习经营战略吧。

讲义1的主题是“经营战略是什么”。这是本讲座的导入部分，同时也是理解基础思考方法的重要部分。

经营战略是企业的灵魂归宿

入学商学院的各位，接下来要系统地学习关于经营的各种各样的知识，其中的一个支柱就是经营战略。虽然，对于所属经营企划部的人并不陌生，但是，我想对那个部分以外的许多人来说平常并不太熟悉经营战略。

与此相比，也许学习别的知识，对与市场拓展、营业、生产管理、财务及经理等实际业务直接关联的功能，你们会有更大的兴趣。确实，那些功能类别的知识与实践直接联系，也许马上能够起到很多作用。

相比之下，虽然经营战略的重要性谁也不否定，但是，总觉得哪里模糊不清，抓不住重点。它并不像建筑物、设备和人才那样能够一目了然。

当然经营战略也像中期经营计划等一样要落实成“计划”，以眼睛能够看见的方式被表现出来。但是，总觉得哪里有模糊不清的东西仍然没有改变。

但是，经营战略在企业经营方面是最重要的根干部分。没有适合的经营战略，不可能有好的经营。如果没有经营战略，品质下降的话，那样企业就迷失了方向，也就不可能取得成功。

确切地说，经营战略是经营的“意思”（意图和打算——译注），是和各种各样的企业利益攸关者的“约定”。以什么样的公司为目标，想要成为什么样的存在，表明意图——与股东和顾客等企业利益攸关者的约定，这就是经营战略。

只要办理手续、登记的话，谁都可以开一家企业。但是，归根结底那仅仅只不过是做了一个“箱子”。注入明确化的经营战略，企业才开始有了“灵魂的归宿”。

达成一致的组织目标

最初“战略”（Strategy）这个词语是从哪里诞生的呢？虽然“战略”有各种各样的定义，但是那个词源被认为是军事用语。“Strategy”是“统率（agos）军队（stratos）”，拉丁语是它的词源。《战争论》的作者——普鲁士将军卡尔·冯·克劳塞维茨创造了“总体战略”（Grand Strategy）这个词，意为军事行动全体的目的。

在商业的世界里，最初使用“战略”这个词的是阿尔弗雷德·金特拉。他在1962年出版的名著《经营战略和组织》里讲到，战略的定义是“企业的长期目标和目的的决定，行动方针的采用，为了达成目的分配必要的资源”。在近代经营方面，这被认为是战略的起点。

在这些伟大先驱者的定义的基础上，我自己对战略的定义是“达成一致的组织目标”。“达成一致”这个点很重要。在各种各样企业利益攸关者干预经营的情况下，即使再怎么有理，如果没有达成一致的话也不能成为组织的目标。

现在的日本，国家混乱的程度加深，实际上

其根本的原因是国家“没有战略”。也许民主党会主张“不是有宣言吗”？但是，在党内连意见都不一致，“没有达成一致”就不能把宣言叫做战略。关系到组织的企业利益攸关者的多数同意，达成共识可以说是战略的重要条件。

经营是价值创造

在讨论金特拉定义的“企业的目标”之前，试着想一下最初“企业是为了什么存在的”也就是“经营的目的”是什么？

绝对没有一样的答案。也有主张“赚取高利润”“股东价值最大化”是经营的目的。的确，赚取高利润，企业主回报股东，对存在于资本主义的企业来说是很要紧的课题。

但是，我思考的经营的本质是“价值创造”。创造出被顾客认同的价值，顾客才会购买，支付等价。只有那样，企业才能提高收益。价值创造不成功的话，赚取高利润、回报股东都不可能。

比如说，制药公司为了让身体不好、受疾病困扰的人们恢复健康的生活而不断研究，持续努力开发出各种各样的新药；时尚品牌，研究品质和设计，满足舒适的穿衣感觉和爱打扮的心理，努力制作衣服及装饰品；小区的洗衣店，培养洗衣、除污垢及熨烫等的技术能力，提供使人们过上清洁生活的服务。

无论是利润，还是股价和分红，都只不过是由顾客认同生出的“副产物”。企业活动的本质，是价值创造的活动。

彼得·德鲁克在他的著作《经理人》里，定义经营的目的是“顾客的创造”。看破“创造出市场的不是上帝或大自然或各种经济的力量而是企业”，创造顾客，才是赋予企业的使命。

“价值创造”和“顾客的创造”是表里如一的。为了创造出顾客，创造出顾客认同的价值必不可缺。企业活动的全部内容必须集中到价值创造。优秀的经营，是全公司变成一个整体，向“价值创造”迈进，创造出顾客认同的价值。

持续的差异化才是企业的目标

在思考企业经营的时候还有一个必须要考虑的要素，那就是“竞争”。

被规章制度保护、没有新入行者、没有竞争

（独占），或者是在竞争松缓的状况下（垄断），经营比较容易。没有竞争，或者是不激烈的话，即使顾客有不满足的价值也不得不接受。但是，独占和垄断仅限于一部分行业。

大多数的企业在公正的自由竞争下，都类似地产生出价值，在和难对付的竞争对手正面对决中，必须要实现“价值创造”。也就是说，在竞争的环境下，创造出被顾客“选择的价值”是必不可少的。

“被选择的价值”是“被差异化的价值”。实现与竞争对手明显不同的“差异化”（Differentiation）才能成为被顾客选择的企业。

而且，如果那个差异化能够被竞争对手简单地模仿就没有意义了。以模仿困难、持续性长的差异化为目标非常有必要。也就是说，差异化才是企业活动的目标。

换言之，差异化是“冒尖”的。能够创造出其他竞争对手难以提供的独自的价值的话，就能够成为“冒尖”的存在被选拔出。不是以竞争对手也能提供的同一性质的价值，而是以顾客可能认知的明显不同的价值创造为目标诉求。

“比哪里都便宜”“比哪里都品质好”“比哪

里都性能好”等，考虑差异化的“轴向”多种多样。自己沿着怎样的“轴向”实现差异化，有必要明确在哪个“轴向”的领域以“冠军”为目标。

自己创造出“特定价值”

如果把前述内容用一句话概括的话，就是“创造出持续性高的差异化价值”是企业活动的目标。但是，对于企业来说，创造出什么样的价值、实现什么样的差异化的选项绝对不止一个。在自由竞争下，会有无数的选择。

比如说，创建汽车制造公司也是其中一个选择。更进一步说，即使同样是汽车制造公司，也有许多不同的选择。价格适中的大众车，瞄准富裕阶层的高级车，追求速度的跑车。虽说都是汽车，但是存在着各种各样丰富多彩的价值。

从那些选择里，必须创造出自己的“特定的价值”。这个“价值的特定”就是经营战略。也就是说，为了在严酷的竞争中赢得胜利，必须彻底看清自己的“决战场地”，锁定聚焦于此。“决战场地”也可以叫做与竞争对手决战的“战场”

（Battlefield）。

在哪个“场地”战斗，才可能有自己持续的差异化，冷静、客观地弄清楚，从许多的选择里，决定自己应该创造出什么样的差异化价值，才是经营战略本质的意义。

正因为如此，可以说经营战略是经营的“脊柱”。正因为有结实的“脊柱”，人类才能够站立、行走。“脊柱”还不够结实，摇摇晃晃的话，都不可能笔直站立、行走。

同样，没有经营战略，摇摆不定的话，不能进行正经的企业经营。通过明确经营战略，从而确定了“价值创造”的方向性。

经营战略有层级

那么接下来，试着思考一下关于经营战略是怎么构成的。经营战略可以分为三个大的层级来思考：“全公司”“事业部”“功能”。

作为企业全体根据什么样的方向性，今后聚焦于什么样的事业，显示出总体面貌的就是“全公司战略”（Corporate Strategy）。各个事业部门明确什么样的价值创造，实现差异化，就是“事业战略”（Business Strategy）。

更进一步说，各个事业部门的战略，具体到技术及开发、采购、生产、销售、财务、人事等落实到各功能部门就是“各功能战略”（Functional Strategy）（见图 1–1）。

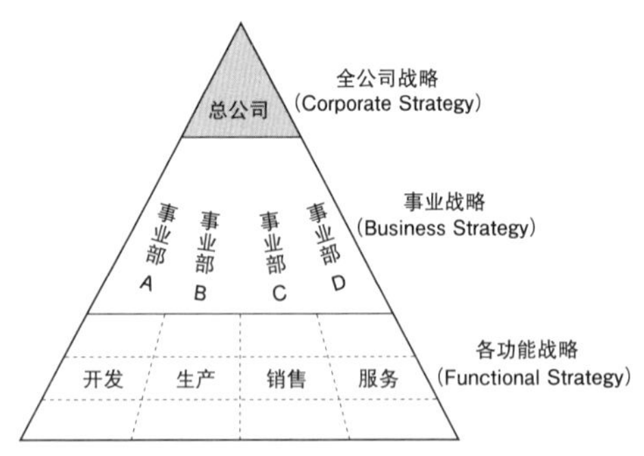

图1–1 经营战略的层级

（资料来源）《企业经营入门》远藤功（日经文库）

这里最重要的是，层级间的“整合性”。三个层级的战略不是各个独立的，而是相互密切关联在一起的。在落实各层级的战略中，不是各自为战，而是必须相互取得整合性、一以贯之的战略。在现场执行各功能战略时，必须与最高的全公司战略有机地联系在一起。

例如，提出了“要成为高级车冠军”的全公

司战略，但是营业现场想着“要卖低价格的车”等，这样工作的话，会引起经营战略功能不全。为了不让那样的不整合发生，思考怎么样保证战略层级间的一贯性、整合性，练就始终一贯的经营战略非常重要。

我把经营战略叫做“达成一致的组织目标”，正因为确实相信这个整合性和一贯性的重要。

案例研究 1

小松的“绝对领先战略”

“自己的‘决战场地’是，建筑机械。”

营业利润率 12%，值得夸耀的高收益性，近年小松的快进击，是从坚决实行返回原点的经营结构改革开始的。

时间是 2001 年，泡沫崩溃的时候逆流而上。这一年，营业利润跌落赤字。就在那个时候就任总经理的坂根正弘（现总经理），出马重整经营。舍弃多元化路线，锁定聚焦于本业建筑机械，展开其经营战略的基本思路，“长处益精，短处改革”。来具体看一下吧。

“长处益精”的第一个支柱，是“绝对领先的产品”开发。这么一个小松独自长处的战略，立足于“日本有精密制造的竞争力”。

“绝对领先的产品”是什么？坂根先生在他的著书中，指出了下列的三个条件：

（1）下定决心牺牲之前的决定。

（2）拥有即使其他公司花数年也不能仿效的大差异化，两三个特长。

（3）让制造成本比常规设备降低10%以上。

沿着这个战略，小松运用最强的技术力，倾尽全力开发在建机业界装载性能世界第一的“绝对领先产品”。结果，2008年“绝对领先产品”占新机车销售金额的构成比超过50%。

第二个支柱，提出“IT的活用”，导入车辆远程管理系统“KOMTRAX”（康查士车辆信息远程管理系统——译注）。这是通过在建筑机械上安装GPS终端和传感器等，掌握机械运转状况的系统。最初是为了防止在一些国家频发的被盗失窃而开发的产品，但是，在运用的过程中明白了各种各样的用途。

总之，不论何时何地、怎样的状况，只要小松建机在运转，电脑马上就知道了。例如，“哪里的运转率开始下降，则马上减少生产，相反的话就增加”，这样，使一边预测将来的需要，一边有效率地生产变得可能。

另外，即使生意对象是信用度很低的个体经营者，因为从运转状况可以判断其有没有支付能力，得以恰当应对，所以能够大幅地减低回收风险。竞争中率先导入的“KOMTRAX”，在市场份额和收益性两方面均贡献巨大。

还有，以“提高在‘其他世界’的地位”为目标，以亚洲为焦点展开战略。因为这份努力，在中国的建机市场获得了超过二成的高市场占有率等，现有的良好业绩与此相关。

另外，关于“短处改革”，坂根先生亲自分析数据，关注到“虽然制造成本相对不是太高，但是营业利润却比美国的竞争对手低6%”，由此得出判断“这里最大的原因是固定费用太高和分公司滥造账单”。于是，进行了削减约500亿日元的固定费用、自退或劝退员工以及调职员工的安排、分公司的整顿等。虽然这些是伴随着痛苦的改革，“但是只有现在”切断退路，断然实行，才能成功。

复兴建机事业的同时，坂根先生大刀阔斧解决非建机事业。将因多元化战略而扩大、扩散的非建机事业大部分卖掉，使其果断从小松主体分离。结果，将制造及销售硅晶片的小松电子金属事业部卖给同业的SUMCO，半导体制造装置用光源事业部和牛尾电机（USHIO）合并，谋求“非建机事业的自立再生”。

这个决断的背后，有坂根先生的战略眼光，“小松在建筑机械还有足够的胜算。放眼世界的话，以新兴国家为中心的市场还有很多。应该再一次将建筑机械特化（优势领域的彻底专门化——译注）”。重新认识自己“决战场地”的小松，那之后连续增收增益，显示出刷新过去的最高恢复速度（见图1-2）。

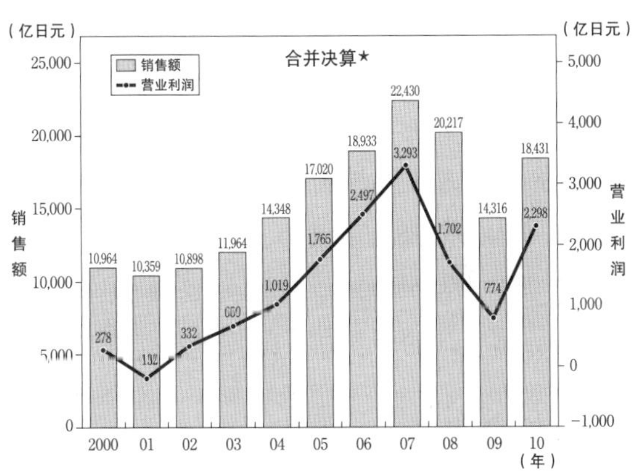

图1-2 小松的销售额、营业利润演变

（资料来源）出自SPEEDA

（★“合并决算”指总公司和分公司的账一起做）

现在小松让“绝对领先战略”更加进化。用最近的例子来讲的话，混合建机是个好例子。油压万能挖掘机的主力产品，能够在20吨级混合建机量产的，目前只有小松。

直到最近，建机制造商才看到环保节能型产品的开发竞争好像越来越激烈，但是小松比谁都率先挑战混合建机，不断努力创造出可持续差异化的价值。

另外小松在俄罗斯的攻势，发挥了绝对领先的优势。小松初次进入俄罗斯市场是在1968年的苏联时代。40年来，即使是在极寒冷的西伯利亚也能坚持并一再改良建机，不断磨炼技术。甚至就连贸易商不愿意去的内陆也踏入供应产品，持续努力设立售后服务据点。

正是因为小松踏实努力、不断锤炼技术，和有以亚洲为中心的战略，才能抓住时机“攻入”沉睡着丰富资源的俄罗斯，成功开拓市场。现在，开发矿山和敷设输油管道的时候，一定会有邀请小松的声音出现。

正如这个小松的案例一样，只有明确自己的“决战场地”、特定的“可持续差异化的价值”，也就是经营战略这一坚固的“脊柱”，才能够决定企业的方向，发挥出巨大的力量。

讲义1译评

“经营战略是什么？”作者给出的答案是多义的。战略的多义性，反映了经营的复杂性。研究战略，也要用战略思维。战略思维关键的特征，是逆向思维，从目的开始。战略的目的是经营，所以应从经营的本质来看战略。

作者认为，经营的本质是“价值创造”。由此形成一条价值逻辑链，以果推因、种因得果，经营战略的实相本质凸现出来：

经营（果）→价值创造→创造顾客→被顾客认同的价值→被顾客选择的价值→被差异化的价值→差异化→模仿困难、持续性长的差异化→“冒尖”的差异化→在实现差异化的领域成为“冠军”→创造特定价值→选择“决战场地”锁定聚焦于此→经营战略（因）。

在“案例研究 1”中，有几点重要的战略启示：

（一）经营战略就体现在，对能够成为冠军的“决战场地”的抉择。所以小松的战略就是，以能够“绝对领先”的建筑机械为“决战场地”。

（二）成功的经营战略，大多是对“原点”的回归。所以，当感到竞争乏力时，“回归原点”是一种常用的战略思路。

（三）经营战略的基本思路，往往都像小松那样“长短结合”：“长处益精，短处改革”。

（四）坂根先生“绝对领先产品”的三个条件，充分体现出日本企业的经营战略特色：（1）“下定决心牺牲之前的决定”——毅然舍弃，敢于牺牲。（2）“拥有即使其他公司花数年也不能效仿的大差异化，两三个特长”——“冒尖”的差异化、大差异化、复数差异化。（3）“让制造成本比常规设备降低10%以上”——将差异化优势提到世界第一，成本反而比常规产品降低10%以上；这一升一降的张力，形成了“二次方”差异化优势，创造出巨大的附加价值和竞争力。

（五）“特化”的概念——彻底锁定聚焦于优势决战领域，形成“专门化”，一举成为区域甚至世界冠军。“特化”的好处，差异化价值一“冒尖”，市场和资源即会敏锐发现它的存在和不可忽视，所谓“锥处囊中，其末立见”。如果不能特化，遇到细分特化的对手，你就可能被“撕开”！

讲义2

“游戏的规则”与经营战略

在前一章节，讲了“经营战略是什么”。但是，究竟为什么经营战略是必要的呢？

经营讲求“合理性”。仅仅只靠直觉和灵感，是没有把握成功的。为了进行有道理的经营，才需要经营战略。

在讲义 2 里，一起来学习关于“经营的合理性是什么”。

为什么经营战略是必要的

虽然经营战略是经营的“脊柱”，但经营并不是马上开始定战略。那个出发点是“愿”。

愿就是，“想要干这件工作”“想要开一家这样的公司”，这叫做“以将来应该的样子为目标”。也可以说是愿望和梦想。人们经营企业，一般是从个人的愿望开始的。

但是，停留在模糊不清状态的愿望，欠缺具体性，看不到创造价值的具体形态。不管有什么非常好的愿，仅仅只是愿望不可能取得经营的成功。

比如说带着“想要成为汽车制造商”的愿望而开始经营公司。但是，只有那个愿望，怎么和同行对手竞争，看不到具体的样子。是制造大众车，还是制造高级车，也有赛车和小型车的选项。也就是说，不只是单单以“汽车制造商”为目标，而是必须有明确的“以一家什么样的汽车制造商为目标”的具体形象。

正因为如此，经营战略才是必要的。在企业经营方面，把暧昧模糊的愿望落实为经营战略，必不可缺。

为此，需要收集关于顾客和市场的情报、关于竞争对手的情报，对自己的优点和缺点等进行客观地分析，自己在哪个“场地”能够“冒尖”，冷静地看透能够成为第一吗？务必弄清可能性最高的“场地”。

虽然经营是有风险、有挑战的“冒险”，但绝不是1或8的“赌博”。经营是，经过有道理的深思熟虑后，基于合理的经营战略，实现“科学”的价值创造。

认识“游戏的规则”

不管是什么游戏，不知道规则的话，就没有办法战斗。已经竞争白热化的经营也是一样的。自己如果不理解战斗的“游戏规则”，就不可能制定取胜的经营战略。

为了理解“游戏的规则”、保证经营的合理性，人类创造出了许多的模型框架和工具。接下来进一步和大家介绍为人广知的三个工具。

◎3C 分析——围绕企业环境的“Customer”（顾客）、“Company”（自己公司）、“Competition”（竞争者）“三个 C”进行分析。能够围绕自己公司的环境进行综合客观地整理（见图 2-1）。

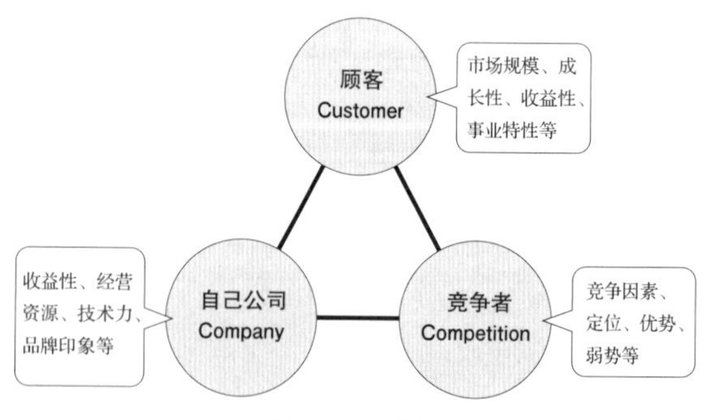

图2-1 3C分析

（资料来源）《企业经营入门》远藤功（日经文库）

◎ SWOT 分析——用“Strengths”（优势）、“Weaknesses”（弱势）、“Opportunities”（机会）、“Threats”（威胁）四个要素进行分析整理，在构筑优势性上，清楚什么可以做武器，还有什么不足（见图 2-2）。

	好影响	坏影响
外部环境	机会 Opportunities	威胁 Threats
内部环境	优势 Strengths	弱势 Weaknesses

图2-2 SWOT分析

（资料来源）《企业经营入门》远藤功（日经文库）

◎ Value Chain 分析——Value Chain 翻译成日语的意思是“附加价值链”。分解企业活动的每项功能，分析哪个部分强以及哪个部分弱，哪个部分创造出附加价值，探索事业战略的妥当性和改善的方向性（见图 2-3）。

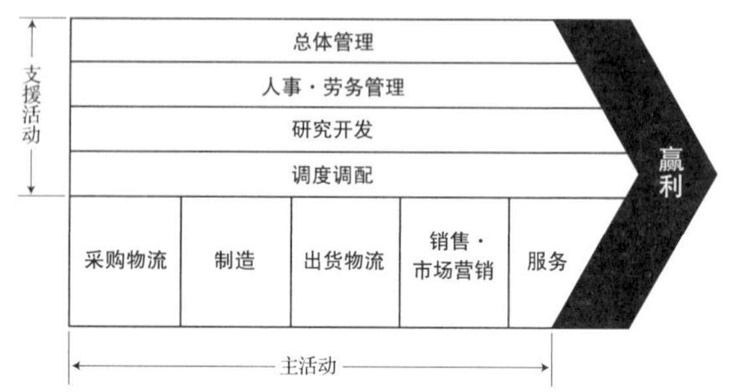

图2-3 价值链(价值连锁)

(资料来源)《竞争优势战略》迈克尔·波特著、土岐坤等译（钻石社出版）

这些模型框架在整理事实、把握客观状况方面比较有效果。但是，从得到筹划战略的启发的观点来看，不是一般的模型框架，而是有更强效力的，那就是"优势矩阵"。

用"优势矩阵"抓住事业特性

"优势矩阵"是BCG（波士顿咨询集团）的研究思想。它不如前面的三个模型工具那样出名，故少有人用，但是，在理解"事业特性"，也就是说各自事业的"游戏规则"上却非常有效。在制定战略方面，最初必须基于这个"优势矩阵"进行分析及研究（见图2-4）。

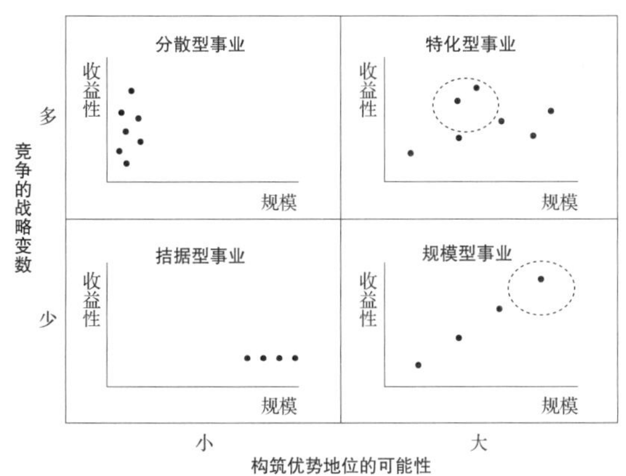

图2-4 优势矩阵

（资料来源）《MBA经营战略》格洛比斯经营大学院（GLOBIS）编（钻石社出版）

一边参照图片，一边进行说明吧。

这个观念在各个事业方面，着眼于“企业间的差距怎么表现出来”，怎么做能够获得构筑优势地位的启发。纵轴是事业的竞争要因（战略变数）（即改变竞争战略的手段选择——译注），横轴设定构筑优势地位的可能性，根据这两个轴，事业分为四种类型。

第一种是“规模型事业”。在事业的规模是构筑优势地位的最大要素的行业，规模越大的企业能够获得越高的收益。因此，这种类型的事业的基本战略是，“通过市场占有率的扩大，追求规模”。

典型的例子，是钢铁和化工等设备型产业。因为投资了最新锐的巨大设备，有效利用规模进行大量生产，所以在成本上创造出关联的优势性。

第二种是“特化型事业”。因为存在多种构筑优势地位的竞争要素，所以不关乎事业的规模，在特定的领域确立独特的地位，才可能获得高收益。

医药品业界符合这种类型。在某个特殊化的领域，用独自开发的新药获得了成果，也确实存在一些这样占据了独特地位的企业。

第三种是“分散型事业”。事实上在没有大企业存在的业界，虽然竞争的要素很多，但没有企业达到构筑压倒性优势的程度。个人经营的饮食店和商店，可以说是这种典型的例子。

例如，城镇的荞麦面店和食堂以及个人经营的饮食店，只有在那里才能吃到的味道和店的氛围、服务等，有很多能够成为差异化的因素。但是，不容易达到对其他店的压倒性优势。

第四种是“拮据型事业”。事业从成熟期面向衰退期，业界到这个时候，小规模企业被淘汰，留下来的大企业陷入不能构筑决定性优势的窘境。正因为是成熟产业，所以说这种状况也非常难创造出独特的附加价值。为了从这里逃出，需要重新摸索创造出革新的价值等，彻底重新考虑战略。

典型的例子，改善水泥业界。规模化的业绩接近极限，也没有谋求差异化的对策，不管哪个企业都一家接一家地挣扎于低收益。这样的话，有必要进行撤退或合并重组。

大多数的事业从分散型开始，到特化型变化，进一步是规模型，过渡到拮据型。基于“优势矩阵”，看出自己公司的事业拥有什么样的特性，自己应该怎么样挑战竞争，找到战斗的方法。仅仅只是规模和收益性这两个轴就能够把握业界的“游戏规则”，虽然是非常简单的概念，但是那里充满了本质的启示。

事业特性随着时代和环境而变化。抢先变化，主动变化，制定独特的经营战略变得可能。关于这点，我想在讲义 3 里作详细的论述。

“V字曲线”揭示出的真相

以“优势矩阵”为基准把握事业的特性，试

着看一下各业界的“游戏规则”的话，能够看出一个倾向。那就是“V 字曲线”现象。虽然不能说是所有的行业，但是可以看到在非常多的行业有这个倾向（见图 2–5）。

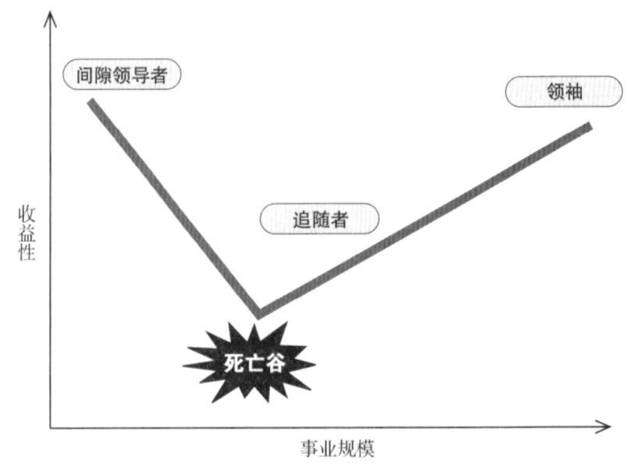

图2–5 V字曲线

（资料来源）《企业经营入门》远藤功（日经文库）

首先，以规模自诩，作为收益性高的企业，有“领袖”企业存在。因为能够享受业界最高的企业规模扩大带来的好处，所以自然而然，能够获得很高收益。

与此相对的是“间隙领导者”企业。虽然规模很小，但，它是在有限的领域构筑独自的优势、获得高收益的企业。

然后，最容易成为半吊子的存在，是与前两者类似而处于其后第二、第三的叫做“追随者”的企业群。没有和领袖企业同台竞技的规模和体力，创造不出成本优势。又没有间隙领导者企业的专业度，而在领域里有明确的特化优势。陷入哪边都抓不住的半吊子、模糊的定位。

很多这样的企业，挣扎于被称为“死亡谷”的低收益线上。当然，即使是第二、第三，如果实现明确的差异化的话，还是可能从“死亡谷”逃出的。但是，如果不能维持差异化的话，有再次掉入“死亡谷”的结构问题。

目前，日本的许多业界，掉入“死亡谷”的企业群正寻求新的定位，彻底重新考虑经营战略。实现差异化从“死亡谷”逃出，或统合及重组以领袖地位为目标，或停止对规模的追求、以在特定的领域里拥有优势的间隙领导者为目标，以及其他各种各样的方向性。

“优势矩阵”和“V字曲线”是直观显示各个业界结构的利器。理解业界的结构，也就是“游戏的规则”，是制定合理的经营战略的第一步。

案例研究2

戈恩改革日产的战略缘由

1993年3月日产和雷诺宣布携手。日法汽车制造商巨头的统合，一定会令很多人惊讶吧！

这个时候，日产的确陷入了“死亡谷”。虽说在日本汽车业界坐上了第二把交椅，但是在国内销售市场占有率被第一位的丰田远远超出，勉强的第二。在20世纪70年代所谓的“二强时代”里，日产也曾和丰田同台竞技，但是差距越拉越大。另外，日产全球市场份额也从1991年6.6%的顶峰直线下降，1998年跌落到4.9%。

其结果，背负超过2兆日元的巨额有息负债，经营走到了尽头，只有走上通过和雷诺合作、谋求幸存的路。

当然，即使如此，日产也曾用自己的力量以重建为目标，多次筹划及实行改革计划，但是都没有获得成果。那些计划没有成为解决从“死亡谷”

逃脱的结构性问题的经营战略，只不过是在过去的延长线上的残喘延命策略（见图2-6）。

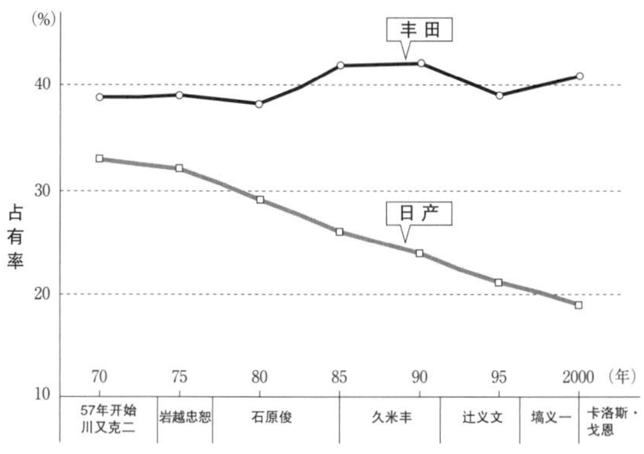

图2-6 日产对比丰田的国内占有率演变

（资料来源）《日产汽车的失败与重生》上杉治郎著（KK-bestsellers）

这样长期陷入低迷，头痛医头的“对症疗法”已经没有效果。于是，日产放弃自力重生的念头，和雷诺携手，获得资金注入，不得不下定决心彻底改革、变换社长和全部的经营方法。

进入日产负责改革的，是曾经以铁腕重振雷诺而大显身手的卡洛斯·戈恩（Carlos Ghosn）社长。

就任后的戈恩社长，花了数个月走访日产的现场，倾听现场的声音。把握经营的实际状况后，戈恩社长提出了“日产复兴计划”（NRP）。

虽然被丰田大大拉开距离排在第二位，但是做的产品却和丰田一样，是全产品线战略。尽管拥有各种各样的产品，但哪一个都半吊子，结果沉入到“死亡谷”。为了从那种状况摆脱，戈恩先生首先断然实行“裁员和雇用调整”、关闭工厂和重新考虑产品线等，截断退路全力应战。

另外，导入横断型的部门小组“交叉功能小组（CFT）”。在当时横向联系很弱的日产，功能分开的上下级行政意识很强，横断型的生产成本降低和课题解决，进展非常不容易。因为导入CFT，所以功能横断型、部门横断型的解决得到了强化。

但是，仅仅只是裁员、雇用调整和降低生产成本，没有更进一步发展的希望。那之后，戈恩的改革，从2002年度开始重心轴转向以部分利润成长为目标的“日产180”，从2005年度开始向着更进一步地发展和价值创造为焦点的“日产价值提升”前进，从2008年度开始以“成长”与“信赖”为关键词向着五年计划“日产GT2012”进发。

成为其重心轴的战略有两个。

第一个是，彻底和雷诺进行协作。日产单干的话规模不够，但是和雷诺联手的话，就能够享有比肩丰田的大规模。“零部件等的共同采购”，“在产品开发、技术开发方面协作”等，通过追求协作，提高经营效率。

例如，追求日产、雷诺两个公司的协作可能性，组织了共同规划项目、提案的交叉公司团队（CCT）。现在，以“2009 年度的资金流量创造出 1800 亿日元的协作效果”为目标，追求和雷诺的综合业绩。

第二个是，差异化战略的推进。其代表是电动汽车。在混合动力汽车方面已然完全迟到落后，也有“现在才和丰田等先行的制造商战斗也赢不了”的判断，倾尽全力在电动汽车上。

2010 年在美国发售，预定 2012 年面向世界市场开始量产。在电动汽车早期确立事业基础，瞄准确保得到世界第一的市场占有率。

虽然还只是一半路程，但是戈恩先生就任社长之后连续 6 年更新了最高收益等，改革的成果一步一步地出来了。从“死亡谷”这么一个结构性的问题脱出，摸索独自的定位，戈恩社长改革的背后，存在着合理的经营战略。

讲义2译评

这一讲重点指出经营的合理性，亦即经营战略的合理性——为了保证经营成功，必须要有“价值创造”的合理性。

那么，如何保证经营（战略）的合理性？认识“游戏的规则”，亦即“事业特性”（或“行业本质”）。运用“优势矩阵”这个工具，把事业或企业分为四种类型：“规模型事业”“特化型事业”“分散型事业”和“拮据型事业”。这样分类及分析的目的，是基于优势矩阵，看出自己公司的事业拥有什么样的特性、应该怎样竞争，找到恰当的方法。在这里，最重要的是建立起“游戏规则”的观念：四种事业类型＋四种事业特性＋四种必然对策。

与“优势矩阵”异曲同工的另一个工具是“V字曲线”。把事业或企业分为“领袖”“间隙领导者”“追随者”三类，因分别处于距离“死亡谷”的不同位置而显现出当下的生存状态。

这个分类严酷地揭示出，存在的只有三种事

业或企业：“领袖”（第一），“间隙领导者”（局部第一），剩下的都列为“追随者”。简言之，除了“第一”，都是“半吊子”；而半吊子的最终归宿，就是“死亡谷”。所以，市场上没有与“第一”相同的所谓“第二、第三”的生存空间，你只要不是某种“第一”的任何时刻，就已经处于向“死亡谷”滑落的途中了——这就是真正的“商业本质”！

作者感言，“‘优势矩阵’和‘V字曲线’是直观显示各个业界结构的利器。理解业界的结构，也就是‘游戏的规则’，是制定合理的经营战略的第一步。”

从“案例研究2”中得到一种“结构性”的启示：

（一）要从“死亡谷”逃脱，必须要有“解决结构性问题”的经营战略，否则都是治标不治本。

（二）戈恩复兴日产的经营战略有几个要点：（1）解决结构性问题，雇用调整、产品线调整、业务流程调整。（2）彻底和雷诺协作，获得可以比肩老大丰田的大规模。这符合汽车业“规模型事业”的特性。（3）推进差异化战略，在电动汽车上倾尽全力、率先发力，瞄准一举成为世界第一的目标。这又符合汽车业产品线复杂而带有的部分“特化型事业”的特性。

（三）戈恩社长能够带领日产从“死亡谷”一步步走出来，背后一定存在着“合理”的经营战略，也说明戈恩先生深谙“游戏的规则”。

讲义3

全球化竞争与经营战略

商业的舞台扩展到全世界，“接连不断赢得全球化竞争”这么一个经营课题变得越来越重要。在成熟市场，企业活动仅仅依靠日本的话，不能得到很大的成长。

另外，因为全球竞争激烈化，所以“游戏的规则”也在不断变化。在全球化竞争的时代，提出什么样的经营战略比较好呢？在讲义 3 里，一起来思考关于“全球化竞争与经营战略”。

为什么新日铁和住金要统一经营

2011 年 2 月，报道了“新日本制铁和住友金属工业同意合并”这么一条新闻，代表日本的巨大钢铁制造商同行间的合并由此开始。

这样的大企业同行间的合并，浮现出日本企业在全球化竞争中定位渐渐老化的课题。

曾经，日本的钢铁制造商在世界上是出类拔萃的。高技术能力和高品质，支撑着以汽车制造为首的很多日本产业。确实，“钢铁成就了国家”。

但是，在海外竞争对手的企业巨型化、实力增强中，规模和效率退化的日本势力，独立生存变得困难起来。曾经新日铁是世界第一的钢铁制造商，但现在只不过是世界前10的尾巴（如表3-1所示列第8位——译注）。虽然住友金属拥有无缝钢管这么一个有竞争力的产品，但是以钢铁制造商的规模来说的话，世界前20也进不了。

表3-1　世界钢铁产量排名(2009)

排位	公司名	生产量（万吨）
1	Arcelor（美国）	7,320
2	河北钢铁集团（中国）	4,020
3	宝钢集团（中国）	3,890
4	Posco（韩国）	3,110
5	武汉钢铁集团（中国）	3,030
6	鞍本钢铁集团（中国）	2,930
7	江苏沙钢集团（中国）	2,640
8	新日本制铁	2,430
9	JFE 钢铁	2,350
10	塔塔制铁（印度）	2,190

（资料来源）日本经济新闻

用在讲义 2 中讲解的“优势矩阵”来看的话，钢铁这么一个设备型产业的特性是规模型事业的典型。其基本战略是“追求规模”。也就是说，新日铁、住金两个公司选择以“合并”这种合理的经营战略，来提高竞争力。

以相继收购登顶的世界最大钢铁企业 Arcelor（美国）和以猛烈的气势推动进入新兴国家的 Posco 钢铁（韩国），进一步说还有成为世界最大钢铁生产国的中国势力，与这些世界级竞争对手为伍战斗，不得不选择由统一经营追求规模的经营战略。

根据这个统一经营，新公司年生产接近 5000 万吨粗钢，展开从面向汽车和家电的高级钢到面向建筑及土木的 H 形钢和钢板桩的全部菜单。但是，也有一部分人士指出，仅仅只有这个统一经营是不够的。将来，如果不采取和竞争对手 Posco 统一等大胆的经营战略的话，就战胜不了 Arcelor 钢铁和今后加速重组的中国势力。

为什么神户制钢不加入重组

但是，在这里有一点，让疑问涌上心头：和新日铁、住金两个公司有资金、业务合作关系的神户制钢为什么不加入这次的重组？

那是因为神户制钢有自身的合理性。看神户制钢的事业内容就明白了，钢铁事业的比率相对较低。关联的钢铁事业销售额比率占2009年度的联合销售额相对于新日铁的大约80%，住金的大约93%，神钢只不过大约42%，同时还开展铝和建筑机械等广泛的事业领域。

并且，钢铁以外的许多事业，属于“优势矩阵”的特化型事业。要在全球化中最后胜出，如果拿出什么冒尖的特色的话，即使不追求规模，也可判断，事业显示出独树一帜的存在感是十分可能的。

进一步来说，神户制钢的钢铁事业对面向汽车的高张力钢（High Tensile）尾翼等特殊产品进行特化。然后，建机的万能挖掘机和起重机的臂腕等也使用高张力钢材，也都存在着事业的相互协作性。神户制钢不是盲目地追求规模的经营战略，而是用独自的技术进行可能有差异化的复数事业的“复合经营”，以“冒尖”的经营为目标。

像这样，即使同样是钢铁制造商，根据事业范围和技术能力，对于规模所持的意义未必一样。虽然对于新日铁和住金来说合并是合理的选择，但是对神户制钢来说追求各个独自的优势和事业间的协作才是合理的判断。

重要的是，在客观地把握自己公司经营的事业特性之后，弄清楚能够获得怎样的定位。因此，必须将“优势矩阵”常存于心，事业特性，换言之思考“游戏的规则”是非常要紧的。

事业特性是变化的

一般来说，根据事业的生命阶段，事业的特性也会一起发生变化。在制定经营战略的时候，着眼于这个变化非常要紧。

在事业崛起的时期，诞生了许多的小公司，被归类于“优势矩阵”的“分散型事业”。

不久，拥有独自优势的得到发展，出现了从

那繁乱状况脱出的企业。企业的大小也各不相同。在这个时候，变化成“特化型事业”。

从此处，规模的优势性渐渐变得重要起来，向“规模型事业”变化。发展到这个时候，规模的大小变成在竞争上的最大要素。

然后最终，随着市场的逐渐成熟，不管规模的大小，收益都变得低迷，到达“拮据型事业”。

这样的变化速度，根据事业各不相同。像IT这种超常规发展的常发生技术革新的行业，变化的速度非常快。有突然成长的事情，相反，一下子衰退，或者是事业一体莫名消失的情况也有不少。

另外，汽车制造业，经过很长的时间，慢慢地那个事业的特性发生了变化。一时间，在欧美流传着“400万台俱乐部”这么一个观点。只有年生产400万台以上的汽车制造商才能够存活。汽车这个产业向“规模型事业”变质，应该主张以统一、重组的方式进行集约化。

实际上，虽然以那种方式诞生了戴姆勒·克莱斯勒，但是统一经营进展不顺利，最终解散了。的确，即使在汽车这个产业，虽然不能否定规模效果的冲击力，但是残留着浓重的以技术能力等实现差异化的“特化型事业”色彩。

捕捉这样变化的事业特性，在制定跨越式超常规发展的经营战略时，可以提高成功的概率。例如，崛起时期的“分散型事业”率先着眼，一口气转变成“规模型事业”领先其他的公司，能够获得新的成功。

现在大家平常利用的便利店和家庭餐厅，在以前是没有的。便利店的原型是街上的杂货店和食品店，家庭餐厅的原型是街上的面条店和寿司店等食堂。不管哪个都是“分散型事业”。将它们标准化，以多店铺的形式展开，向“规模型事业”转变，完成快速的成长。

QB.House 这种“理发专门店”（以十分钟、千日元、只理发、无其他服务而驰名——译注）的全国连锁店，也可以说是以同样的经营战略取得成功的一个事例。以前去街角个人经营的理发店的人们，现在追求低价格、速度、便利性，变成了 QB.House 的顾客。1996 年 QB.House 第一家店开张，之后扩大规模，2012 年在日本国内有 480 家店铺，海外（新加坡、中国香港）发展了 51 家店铺。

着眼于“分散型事业”向“规模型事业”转

变的经营战略，在以中国为首的新兴国家有非常大的可能性。与像日本这样已经成熟饱和、份额难以动弹的刚性市场相比的话，还有很多“分散型事业”，可以说是机会宝库。尽管未成熟，但在成长性很高的新兴国家市场，踩准事业的特性之后，先取得变化的经营战略是有效的。

案例研究3

NEC的PC事业部与联想合并的原因

在日本国内PC（个人电脑）市场拥有17%~18%最高占有率的NEC，2011年1月，宣布和中国最大的PC制造商联想设立合并公司。出资比率联想51%,NEC49%，出让主导权的资本构成。

说起NEC的话,20世纪80年代后半“PC-98”风靡以来，在日本已经是PC领域持续领跑的领袖。这样的NEC为什么在荣耀的PC事业方面，必须决断舍弃单独路线呢?

其最大的理由是，虽然日本国内市场占有率最高，但是在世界市场只不过第12位，市场占有率仅仅只有0.9%。1995年，NEC收购美国Packard Bell为子公司，但是没能对抗在美国及亚洲的价格竞争，解除了关系。那之后虽然自己公司的产品在海外市场继续摸索，但没有获得很大的成果。2009年从海外市场全部撤退。

PC 市场已经迎来成熟期。另外，PC 仅仅只是 CPU 等外购基础部件简单组装的、普通的分工产品。以此进行商品化，价格大幅下降。不追求规模扩大的话，在全球化战争中胜出是不可能的。NEC 因此判断“已经不能单独战斗了”。

那么，为什么是联想呢？1984 年在北京成立的 PC 制造商，联想以低价格 PC 扩展势力，2010 年跃进世界第 4，可谓高速成长的企业。2005 年联想收购美国 IBM 的 PC 事业部等，可以看出其旺盛的扩大欲望。

联想拥有的部件供应能力，对 NEC 来说是最大的魅力。乘此获得可以完成销售台数十倍以上的联想供应网，所以 NEC 的 CPU、存储器、HDD 等主要部件的供应成本能够大幅降低。通过合并，获得成本竞争力，就可能在价格竞争中最后胜出。

还有，能够有效利用联想拥有的技术能力，以联想的稳定、可持续及支持网为后盾，能够在海外市场再一次决一胜负，这些也是 NEC 在合并中得到的价值。

另一方面，对联想最大的价值是，目前徘徊在第 8 位的日本市场占有率，和 NEC 的组合合计大约是25%，一举跃居首位。联想CEO杨元庆在会见的时候自豪地说，“联想通过和NEC的协作，在世界三大市场（日美中）中两个占据首位。”

此外，能够有效利用NEC在日本国内的营业支持网络和技术能力，部件的共通化更加能够强化价格竞争力，还有以上举的这些价值。

在这里面，也有指出“NEC不应该合并，应该将PC事业部卖掉”。但是，作为以“C & C（Computer & Communications）”为旗帜成长起来的NEC，从PC撤退的话可能关系到失去独自的主体性。“不管以什么样的形式，应该留下PC事业部”的呼声很强，所以下定决心合并。

碰巧的是杨先生说，这次的合并剧“和NEC是互相一见钟情”。NEC这边趁现在PC事业比较安定，与在世界市场有很高占有率的联想合作，保护NEC的品牌，为再度进攻决断了最适合的战略。

正确或错误，未来给答案。

讲义3译评

这一讲通过全球化竞争的讨论，深化对经营“合理性”亦即“游戏的规则”的认识与思考。

曾经在世界上一枝独秀的日本钢铁制造商，独立生存变得困难起来，说明“游戏的规则”不以人的意志为转移。谁懂得“游戏的规则”，谁的经营就“合理”，谁就获得优势。

所以，曾经世界第一的新日铁（如表3–1所示现列第8位）选择与住友金属合并，以获得符合事业特性的“规模”优势：(1) 合并后的新公司钢铁年产量近5000万吨，这样即可一跃而成为世界第二，仅列美国Arcelor（7320万吨）之后，超过原第二位的中国河北钢铁集团近1000万吨。(2) 如果再设想与韩国Posco统合，那么这一新合并公司的规模，简单相加就可达年产8110万吨，尚未计集约的增量，就可一举击败Arcelor成为世界第一，同时也有足够体力抗衡可能重组的中国势力集群。这真像《孙子兵法》“度、量、数、称、胜”的大算计！

由此得到重要启示:(1)在全球化竞争中,认识“游戏的规则”至关重要。(2)认识到“游戏的规则”后,就要用最直接最快符合“规则要求”的方法构筑竞争优势。(3)统合是全球化竞争最常用的手段,对规模型事业几乎是必需。(4)有了“合并”这种手段的存在,任何既成优势皆可能在朝夕之间被逆转。

与此同时,与新日铁和住友金属关联密切的神户制钢,则选择不加入这次重组,坚持“冒尖复合”的经营战略。说明事业结构之量变,决定了事业特性之质变;事业特性之属性,又决定了“游戏的规则”;“游戏的规则”,又决定了经营战略。

另一方面,事业特性的演化规律“分散型→特化型→规模型→拮据型”也是“游戏的规则”。其中奥妙:(1)事业类型是相对的,存在许多“复合、混合类型”的可能;此时,要么抓住主要矛盾,以一种主要事业类型为“游戏的规则”,要么分而治之,分别按不同类型的“游戏的规则”处理应对;何去何从,需经营战略来决定。(2)“分散型事业”多的地方,就是创业机会的宝库。(3)“规模型”是事业或企业发展追求的收益高峰或高原;谁最先到达那里,谁就能够在那里停留最久。(4) 率先向下一个“游戏阶段”挺进的经营战略，能够获得先机，带来“超常规”甚至“跨越式”发展，大大领先对手。

从“案例研究3”看两个世界知名企业对事业特性的把握和运用：

首先，从NEC的角度，看其经营战略“合理性”的考虑：(1) 虽然目前PC市场日本国内占有率最高，但地位并不牢固。(2) 2009年从海外全部撤退后，海外市场的机会已基本丧失。(3) PC市场已迎来成熟期（属“规模型事业”），不追求规模，便不可能在全球化竞争中胜出。(4) 联想在世界PC市场名列第4，有实力、有欲望、易合作。(5) 联想拥有超过目前销量10倍以上的部件供应能力，通过合并，获得成本竞争力，就可能在价格竞争中胜出。(6) 以联想的稳定、可持续及支持网为后盾，保护NEC的品牌，安定和巩固国内PC事业，能够在海外市场再一次决一胜负，向更大的机会发起冲击，新的发展成为可能。

其次，从联想的角度，看其经营战略“合理性”的考虑：(1) 联想目前在日本市场占有率徘徊在第8位，久攻不下。(2) 与NEC的PC事业合并，合计占有率可达25%，一举跃居首位（改用最直接符合“游戏的规则”的方法)。(3)联想通过与NEC协作，在世界三大市场(美中日)中两个占据首位，这可大大提升联想在全球的品牌价值。(4)能够有效利用NEC在日本国内的营业网和技术力，部件的共通化更能强化价格竞争力。

从这起“互相一见钟情”的经营战略重大决策案中，可以看到“优势矩阵”揭示的“游戏的规则”，是如何在主宰并指引着游戏的进行!

讲义4

“选择和集中”与经营战略

经营战略是以“冒尖”为经营目标，自问“在哪个领域能够持续地差异化”，冷静客观地看清楚。

在讲义4里，为了回答“怎么样实现差异化”，这个问题的关键线索是“选择和集中”的思考方式，一起来探讨一下。

“聚焦点”是基本

经营者最重要的工作，其中一个是“资源分配”，即决定把人、物、资金这些经营资源，分配到哪里、怎么分配。这个时候，事业和商品及服务、地域等的战略锁定，经营资源集中地投下才是要点。

例如，有1亿日元的资金，估计有成长性、有魅力的事业有10个。此刻，“10个事业每个分配均等的1000万日元”这种做法不能说是有战略的。

不应该是这样的，应该根据考虑的各种情况，“一个事业8000万日元，剩下的2000万每个1000万投给两个事业”，这样的做法才可能提高成功的概率，培育较强的事业。

在经营方面，经营资源“倾斜分配”才有意义。让有限的经营资源“倾斜”，才能够创造出独自的优势。

此时，让资源往哪里“倾斜”的这个决定，仅仅依靠直觉和经验是不能服人的。因为经营不是赌博，所以本着“在这里决一胜负”的方向性，需要以理服人来决定。

反过来说，如果没有那个方向性的话，就不能进行经营资源的倾斜分配。而那个方向性正是经营战略。理性的判断证实，可以说合理的经营方向性才是经营战略。

因为经营资源是有限的，所以为了在此实现持续的差异化，不是东一点西一点地投入，而是集中在那里倾斜地分配经营资源。而且，直抵实现差异化的“临界点”，一心一意以选择的事业为“聚焦点”，全公司一致团结努力才是关键要素。这就叫“选择和集中”。

“选择和集中”是“舍弃”

明确“选择”的事业就是经营战略。然后，

在选择了的事业范围，让经营资源倾斜分配，以“集中”的方式创造出独自的价值、差异化，这就是经营。

换句话说“选择和集中”，“决定自己不愿意做的事业”。也就是说，决定“舍弃”的意思。

这个“舍弃”，实际上不是那么容易的。大家在日常生活中不是也经常感受到“舍弃”的难度吗？

例如，考虑到“不知何时还会起作用”，“因为是辛辛苦苦做的资料，所以不忍心舍弃”等，一不忍心舍弃的话，资料就渐渐积攒，结果只是化为垃圾山。那样的事情经常发生。

在经营方面，“即使现在不行，不久不是还会成长为赚钱的事业吗？”“虽然对于我来说是不擅长的领域，但是还算赚钱我也不能放手啊！”因为这样判断，所以迟迟不能“决断舍弃”。

实际上，虽然日本的很多企业都有实践“选择和集中”以推进事业的重组，但是往往会在“舍弃”这个决断上半途而废。目前对收益上升的事业和某个执着迷恋的事业，在下决心撤退及卖掉上有犹豫的倾向。

为了斩断那些迷惑，重要的是知道自己的

“身量”。

知道“身量”的含义有两个。第一个是“有多少人、物、资金”，知道这些经营资源。还有一个是，重新认识自己的擅长及不擅长，清楚明白那个事业和自己的水土、组织能力一不一致。

例如，花王在一个时期，考虑到“接下来成长的产业是 IT”，于是进入软盘等的信息关联事业。从 1986 年开始软盘的制造及销售，扩大到 CD-ROM（只读光盘存储器）和色带等的 OA（办公自动化）关联产品。

虽然和本业的日用杂货品是“完全不同的行业”，但是应该说真不愧是花王，在软盘市场确立了市场占有率 NO.1 的地位等，向收入 1000 亿日元的事业成长。然而，1998 年，花王决断从信息关联事业撤退。

花王为什么决断“舍弃”培育起来的有 1000 亿日元成长空间的事业呢？

花王对“自己的事业将来应该怎样”重新考虑将来性，判断“像 IT 这样起伏激变的事业，和花王这个公司不相合”。

花王在香波和洗涤剂等的日用杂货品领域，踏实地改良和持续降低成本，确立了公司现在的地位。考虑到变化的起伏太大，踏实改良和改善作用余地很小的 IT 领域，“不符合花王的企业作风”。

在亚洲等新兴国市场，本业的日用杂货品有非常充裕的成长可能，向那里集中经营资源比较好，于是花王做了一个“有勇气的撤退”的决断。如果花王这个时候没有舍弃信息关联事业的话，或许这个事业会变成经营的“包袱”。

在讲义 1 的案例里介绍的小松，也是向建筑机械本业回归，决断砍掉硅晶片等非建机事业。“舍弃”，可以说是显示了经营的“觉悟”。

不是对这个那个都贪得无厌，而是判断与“身量”相不相合，不要模棱两可，要果断舍弃。虽然这样决断不容易，但是因为这样做“赌这个”明确了事业，切断退路产生了解决方案，反而能够构筑真正的优势。

无节操的“综合”不是战略

综合电机制造商，综合贸易公司，综合化工制造商，综合食品制造商……冠以“综合”这个名字的企业，曾经眼花缭乱。但是，现在很多的企业取下了“综合”这样一个“招牌”。为什么呢？

那是因为，有市场性及成长性所以不断涉足新的事业，结果就变成了“综合”。像有“综合力”这个词语一样，并不是要否定“综合”本身。但是，没有任何脉络，无节操扩大的“综合”，无法达成构筑一个强大的事业。

无节操的“综合”意味着“没有战略的经营”。那些没有战略的“综合企业”，大致的情况是，无法控制无序扩大的“决战场地”，结果走向了失败的命运。

典型的例子，是曾经的日立、东芝及三菱电机等综合电机制造商。抱着“因为其他公司在做，所以我们也做”，“因为有技术能力，所以我们也做”等想法，展开同质的战略，陷入没有冒尖特色的经营，业绩也非常低迷。

但是，现在各公司打出独自的经营战略，以异质的存在为目标。日立正面推出“社会公共、基础建设”事业；东芝把支柱放在核能和半导体上；而三菱电机以 FA（Factory Automation= 工厂自动化机器）等比较基础性的质朴事业为聚焦点，获得了很高的收益。从导致无节操的“综合”经营的死胡同脱出，以独自性很高的“冒尖”经营为目标。

案例研究4

和“花心战略”诀别的三菱电机

大部分大型的电机制造商跌落赤字，“雷曼事件”之后也维持着黑字，三菱电机显示出牢固的经营根基。然而，大家对三菱电机一直的印象是曾经追随日立和东芝的“类似的第三综合电机制造商”。

虽然规模和体力不如前两个竞争公司，但却兼顾半导体存储的DRAM（存储器——译注）和系统LSI（大规模集成——译注）、手机等，虽然成长性也都很高，但投入集中的经营资源到伴随着很大风险的事业群。像外界批评的“这个是花心战略”一样，无节操地扩增“决战场地”。

转机到来是2002年3月期间，受到IT泡沫崩溃的直接打击，半导体事业和手机事业急转跌落到未曾有过的赤字。在那样的困境中就任社长的野间口有先生，开始不断进行事业的“选择和集中”。

那个时候的关键词是，“让强势的产品更强”。进一步说的话，是“渐渐终止完成历史使命的产品，整理自己不拿手的产品”。

我自身，在就职于三菱电机的时期，年轻时就认为“我们是重电起源的公司，不像是迅速能决定想法的公司。像为了获利手疾眼快、激烈变化的事业，即使有技术能力，也不应该去做”（见表4–1）。

表4–1　三菱电机主要事业重组

时期	内容
1999 年	电脑生产的撤退
2002 年	欧洲市场手机事业的撤退
2003 年	电力系统・变电事业转移给与东芝合资的公司管理
	—半导体 DRAM 事业转让给尔必达（ELPIDA）
	—半导体系统 LSI 事业剥离、与日立制作所共同出资成立瑞萨电子（Renesas）
	—干电池生产撤退
2004 年	在美国的显像管生产撤退
2005 年	解除与东芝的电力系统・变电事业的统合
2006 年	撤退在中国的手机开发及销售

（资料来源）转载《日经商业》2007年11月26日号　第56页

野间口先生像上表一样，不断进行事业的甄选。加大力度一边倒，从手机事业在欧洲撤退为开端，卖掉DRAM事业，系统LSI的剥离等，断然实行“舍弃”。

另一方面，在“让强势的产品更强”的方针下全力做的是，FA（工厂自动化）和电梯、汽车部件等“虽然有很强的市场竞争力，但又不能担当‘明星选手’”的基础性的质朴事业。这些事业竞争对手相对比较少，再加上在海外有很大的成长空间。故三菱电机在质朴事业那里看到了机会。

在实践这些“选择和集中”的时候，野间口先生的判断被评价为“因为不赚钱所以砍掉”，但他并没有像评价的那样草率武断地进行事业撤退。

例如，虽然半导体事业大幅地缩小，但是至少电源集成半导体，尽管当时是不核算部门但也决断“留着”。判断把FA与电力关联的产品组合进电源集成半导体是掌握差异化的关键，反而从东芝收购电源集成半导体事业的一部分等，进行强化。

这个时候野间口先生的意念是，“相乘效果”。电源集成半导体产品关系到空调和电梯、新干线高铁推进装置、钢铁成套设备的旋转机械的控制等，作为其他行业共同必用的基础性元器件使用，产生了很大的相乘效果。其结果，电源集成半导体事业现在正向“大丰收的庄稼”茁壮成长。

这样战略地推进“选择和集中”，和“花心战略”诀别的三菱电机，从2003年营业利润率持续得到改善，到2008年3月期的结算大约6.6%，作为日本的电机制造商确保了高收益性。

从社长野间口先生经过下村节宏先生，向山西健一郎先生递交接力棒的现在，三菱电机也还在贯彻“必须对应市场的变化，进行选择和集中”的方针。正因为不是高关注度的显赫事业领域，三菱电机的经营有时被说成是“虽然没有趣但是不会输的战略”。然而，正是优先培育胜算事业、确实盘算利害得失，才是适合三菱电机“身量”的经营战略。

不受周围的评价和社会的流行随意摆布，直视自己本身的优势和弱势，结出一个合乎道理的经营战略。

讲义4译评

这一讲主要针对“怎样实现差异化”，指出经营战略的核心思考方法“选择和集中”。

这是由经营及经营战略的功能、目的、要求决定的。经营最重要的工作，实质就是“分配资源”——资源应该分配到哪里、如何分配，才能够创造最大价值。为此，经营战略就必须要决定资源分配的方向（选择）与资源分配的方式（集中）。

因为经营资源是有限的，所以，在哪里能够持续地差异化、最可能“冒尖”，需要“选择”资源的方向；而为了在那里实现持续地差异化，成为冒尖的存在，又需要倾斜“集中”资源。因此，为了创造最大价值，需要“选择和集中”，需要选择和集中的“聚焦点”。

既然要“选择和集中”，就必须有所舍弃。“‘舍弃’，可以说是显示了经营的‘觉悟’”——因为，“舍弃”不仅是“集中”唯一有效的方法，更是力量之源——“切断退路产生了解决方案”，正是《孙子兵法》“陷之死地而后生”的深谋睿智、大方法论！花王“有勇气的撤退”，堪称“大彻大悟”！

同理，“无节操扩大的‘综合’，无法达成构筑一个强大的事业”。所以，无“选择和集中”，就是无“焦点”，就是无经营战略——就是“无节操”！

“案例研究4”中的三菱电机之所以能够逆转颓势、最终确保代表性的高收益，关键就在从“花心战略”转向了“死心战略”。敢于根据自己“身量”（资源及擅长）大胆舍弃，不断进行事业的“选择和集中”：（一）让强势的产品更强。（二）渐渐终止完成历史使命的产品。（三）整理自己不拿手的产品（见表4-1）。

与“案例研究1”中小松的做法一样，实行“回归”的战略转型，“从导致无节操的‘综合’经营的死胡同脱出，以独自性很高的‘冒尖’经营为目标。”更难能可贵的是，历经三任社长近10年的发展，“三菱电机也还在贯彻‘必须对应市场的变化，进行选择和集中’的方针”。

曾有一个精彩故事，道尽了“选择和集中”的战略大智——

身高仅1.65米的中国教官，教外国警察如何制服歹徒。一个身高超过1.85米的警察提问："我们经常遇到的歹徒，身材比我都还要高大，你……如何才能制服他？"

中国教官没有直接回答，反问道："你觉得我的一只手，能够抓住你一只手吗？"警察看着瘦小的教官，使劲摇头。

教官又问："那么，我用两只手能够抓住你一只手吗？"警察微微摇头。

"如果——我用两只手，再加上全身的力量，只抓住你一个手指头……"

讲义5

战略预案与经营战略

“经营战略，只有三个预案。”

哈佛商学院的迈克尔·波特教授这样断言。

“三个预案”是，“成本主导战略”“差异化战略”“集中战略”这三个。

在经营方面重要的是，明确这些预案哪个作为经营的支柱。因为那个不明确，无法构筑优势性，业绩低迷的企业有不少。

在讲义 5 里，说明一下关于波特说的三个预案。

三个战略预案

三个战略预案以两个轴来思考。一个是“战略目标的幅度”，即应该瞄准的目标是宽泛还是狭窄的意思。还有一个是低成本还是差异化的“竞争优势的类型”。根据这两个轴，浮现出经营战略的三个方向性。

第一个方向性是“成本主导战略”。这是针对广泛的顾客层和范围，以构筑成本优势为目标的经营战略。可以说是瞄准“成本冠军”的经营战略（见图 5-1）。

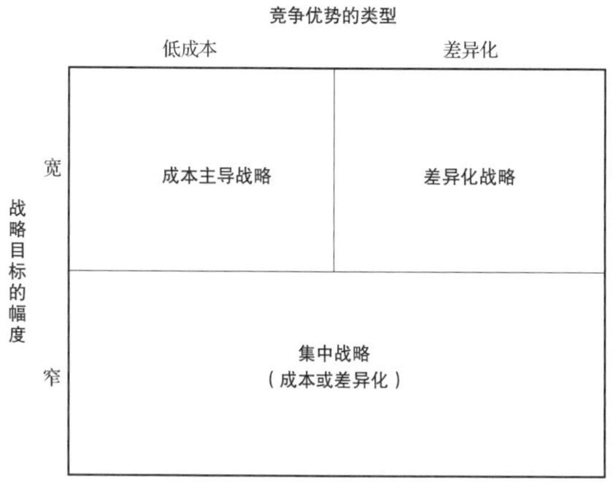

图5-1　波特的三种基本战略

（资料来源）《企业经营入门》远藤功（日经文库）

在相似功能和品质的产品及服务存在的多数情况下，实现相对的低成本，成为构筑优势很大的要点。

追求规模，获得大一点的规模价值等，彻底追求成本下降才是最要紧的。

第二个方向性是“差异化战略”。这是针对与“成本主导战略”同样广泛的顾客层和范围，但不是以成本而是以提供差异化的独特产品及服务，瞄准构筑优势性，以“差异化冠军”为目标的经营战略。

同样价格的话，“我们的产品绝对高品质”“具备哪里都没有的功能”“超群的高设计性”，像这些用差异化来决胜负的经营战略，在竞争对手无法简单模仿的差异性高价值的同时，需要能够不断产生差异化的产品及服务的高组织能力。

这两个经营战略不论哪个，都是目标顾客层和范围很宽泛，所以需要与之相应的充裕的经营资源。只有人、物及资金宽裕的企业才能采用这样的经营战略。

但是，很多企业的经营资源是有限的，在此情况下，锁定目标顾客层和范围，以成本优势或差异化，或者是有必要在两方面构筑优势性。这个叫做“集中战略”。

特定的产品和服务，特定的顾客层，特定的地域等，在限定的领域里集中经营资源，由于创造出独自的价值，可以说是以“聚焦点冠军”为目标的经营战略。

往哪里集中，这样的选项有各种各样。斟酌考虑自己公司的优势和经营资源的质与量，锁定“决战场地”。

例如，因为在小学生中的人气冰淇淋“咯吱咯吱君”而有名的赤城乳业，是冰淇淋特化专业生产商。在其他很多的冰淇淋生产商涉足广泛的食品领域时，赤城乳业“集中”在冰淇淋，显示出独自的存在感。

决定“定位”

不要引起误解，在这里附加说一下，并不是说以“成本冠军”为目标就不用差异化，瞄准“差异化冠军”的企业不用考虑成本也可以。对所有的企业来说，成本及差异化都是大事，并不是要“舍弃哪一边”。

总之，以什么为“主轴”来构筑优势性，明确那个重心轴才是最重要的。我的主张是按钮在“这三个基本战略里，一个也确立不了的企业会陷入困境”。

“成本挺要紧，差异化也挺要紧”“想要瞄准广泛的顾客层，也想瞄准特定的部分市场”等贪婪目标，会迷失战胜竞争的基轴。结果就是，“成本也差不多，差异化也差不多，然后哪个顾客层也差不多”，不管哪方面都是半吊子的存在。要是那样的话，经营的目的“冒尖”就不存在了。

这三个预案里，哪个作为“主轴”选项，在市场竞争的舞台上，意味着自己决定选什么样的“定位”。明确了应该以什么“定位”为目标，顾客才会认同，才能成为战胜残酷竞争的存在。

案例研究5

汽车业界各公司的“定位”

看一下在日本市场汽车业界各公司的“定位”，就能够理解三个战略预案拥有的含义。

采用“成本主导战略”的是丰田汽车。丰田虽积极进行新技术的追求和谋求与其他公司差异化的产品开发，但到现在为止公司经营战略的主干，还是基于彻底地追求规模的“成本主导战略”。聚集全系列的产品，提供高品质、价格合理及合算感的汽车，才是丰田的核心价值。

为了实现那个价值，以薄利多销为目标增加销量及产量，追求经营规模扩大。进一步，在现场不间断地改善以实现成本降低。

相对于丰田的成本主导，本田是以“差异化战略”作为支柱。

本田在国内市场占有率上排在丰田后面第二

位。虽说是这样，生产台数在丰田的一半以下，在规模上还是有很大的差距。当然，即使本田降低成本也是重要的议题，但是和丰田正面在成本上一决胜负绝对不是好的策略。于是本田，持续做“丰田无法模仿，差异化的独特产品”才能有活路。开发“本田的”差异化产品，才是本田的生命线。

与两个公司相比，其他的汽车公司因为经营资源有限，所以指向“集中战略”。例如铃木，特化小型汽车的同时，以到现在为止其他公司不太关注的印度和匈牙利等为中心开展海外市场。还有，大发（DAIHATSU）是小型汽车，富士重工的斯巴鲁（SUBARU）是特化SUV等，各自追求独自的定位。

像讲义也有触及的一样，集中战略有各种各样的选项。特化哪个部分，确实是要根据各个企业的优势和经营资源合理地决定经营战略。

另一方面，在进入雷诺旗下之前，日产一度进入戴姆勒·克莱斯勒（现戴姆勒）的旗下，还有三菱汽车等，没有明确定位。指向全系列，不知不觉“决战场地”扩大，即使偶尔生产出独特的重点产品（日产的天籁和三菱的帕杰罗），也只是“放了一炮”就完了，哪里都做不到特化。

无视经营资源是有限的，“决战场地”超越了“身量”，无法达成独自的优势构筑。可以说正是因为“没有经营战略”，所以处于苦境之中。

讲义5译评

这一讲，根据迈克尔·波特的竞争战略理论，指出经营战略只有三个方向性的可选预案，即“成本主导战略”“差异化战略”和“集中战略”。

更深层次的方法论在于，制定经营战略，必须以这三个基本战略为方针，即遵循现成的“预案”，或既成的经营战略，其分类属性必须符合其中之一。或者说，必须明确三个预案中哪个作为经营的支柱，或必须能够确认经营的支柱是三者中的哪一个。否则，必将因无法构筑竞争优势而业绩低迷。

以下有几点奥义：(1) 并非成本战略就不用差异化，或差异化战略就不用考虑成本。两者都必要，关键是经营战略决定在哪里“冒尖”。“成本主导战略”就是要使成本优势“冒尖”出来成为成本的第一；“差异化战略”就是要使某种差异化优势“冒尖”出来成为该差异化的第一。以哪一个为“主轴”来构筑优势才是要害。(2) 如果两者都要成为第一，“成本”与“差异化”都想“冒尖”而难分伯仲，就会“战略骑墙”，结果样样都差不多，不管哪方面都是半吊子。(3) 只有在“集中战略”里，由于范围有限、资源集中、目标聚焦，才有可能出现三种方向：成本第一、差异化第一或二者同时第一。(4) 竞争制胜的按钮在这三个基本战略里，一个也确立不了的企业会陷入困境。(5) 在这三个预案里，以哪个作为经营战略的“主轴”选项，即意味着选择什么样的“定位”——基于三个战略预案进行的定位。

“案例研究5”通过日本本土汽车业界各公司的“定位”，对应三个战略预案，揭示出四类经营战略的不同本质：(1) 老大丰田采用的是彻底追求规模的“成本主导战略”，提供全系列、高品质、合算感的汽车。“又好又便宜”是所有老大的共性，但成本是老大的关键能力。(2) 本田排在丰田之后第二位，虽然降低成本也是重要议题，但只有持续做“丰田无法模仿的”“本田的”差异化产品才能有活路。“丰田无法模仿的”这句话，说明最大的模仿者往往就是业界老大，其模仿的“合法性”、伪装性、复制性和破坏性都是最高的，对小企业伤害尤大——甚至一下就断了你的生路！(3) 其他汽车公司，如铃木、斯巴鲁、大发等，经营战略的定位指向“集中战略”。铃木集中于其他公司不太关注的海外市场，斯巴鲁特化SUV，大发集中在小型车，各自追求独自的经营战略。（4）日产与三菱等没有明确的经营战略定位，指向全系列（实质是半吊子）；即使偶有独特的重点产品，也是“昙花一现”。看来，它们都中了迈克尔·波特的“预案魔咒”：

“经营战略，只有三个预案——这三个基本战略里，一个也确立不了的企业会陷入困境。”

讲义6

领袖战略

在理解了“三个战略预案”的大致框架后，接下来的三章讲义中关于三个经营战略的思考方法，一起来深入地看一下。具体地说，领袖、挑战者、间隙领导者，根据这些定位的不同一起来思考经营战略应有的状态。

首先在讲义6里，一起来思考领袖战略是什么。理解领袖战略，倒不如说挑战者、间隙领导者自己在制定经营战略的时候可以起到作用。根据理解经营资源的质、量、组织力出色的领袖用什么样的战斗方法，能够看出相对劣势的自己的战斗方法。

在市场显示出压倒性的存在感

“领袖”就是，可以定义为“在大众市场压倒性的存在感，绝对的力量，有综合实力的企业”。也就是说，以广泛的顾客层和范围为对象，实现全系列的普遍价值提供，所在市场以压倒的定位为目标。这就是“领袖战略”。

具体地说，由于压倒性的规模价值“成本优势”，“差异化优势”不断走在业界的前端，或者说是实现了两个方面，以明确的地位为目标。

为了成为那样的领袖，不仅要产品的开发能力、供应能力，也需要流通和销售的支配能力。其结果，创造出谁都承认的业界 NO.1 的品牌力。在国内看的话，汽车业界的丰田、电机业界的松下、日用杂货品业界的花王等可以说是代表的例子。

那么，获得多少市场份额，才适合“领袖”这个称呼。此时，可以作为参考的是“库普曼（Koopman）目标值”。这是美国哥伦比亚大学数学家本纳德·库普曼（Bernard Koopman），在以全球为基础的调查及分析中得出的统计值。根据这个目标值，“得到 41.7%以上的市场份额，在该市场成为强者，能够确保稳定的地位”。成为绝对的强者，可以说“市场份额 40%”是唯一的目标（见表 6–1）。

获得四成的市场份额，相当高的栏。反过来说，能够跨越它的企业，才真正值得称呼为“领袖”。

表6-1 库普曼(Koopman)的目标值

73.9%	事实上的独占
41.7%	相对安定值(强者)
26.1%	下限目标：弱者与强者的分界点
19.3%	弱者中的强者
10.9%	立足点：区分弱者的数值
6.8%	弱者中的弱者：撤退需考虑的数值
2.8%	撤退

规模曲线、经验曲线

领袖的一个条件，是在实现成本优势的过程中，要着眼于两个很重要的经济性分析。

第一个是，表示“规模效果”的规模曲线。

企业的成本区别很大，有固定费用和变动费用两个种类。固定费用，规模越来越大的话，单位成本有下降的倾向。即使作为总体的成本是一样的，按人头分配的参数多的话，每单位成本下降，是这么一个道理。另外关于变动费用也是，规模大的话，例如原材料的大量采购“批发”等，能够降低成本。

像这样的，因为规模变大所以获得成本效率的提高叫做“规模效果”。

“规模效果”到哪种程度有作用，根据事业和商品各有不同。另外，成本的支出项目，例如根据制造成本、研究开发成本、广告及宣传成本等，规模效果也各有不同。对事业及产品的每个成本要素进行定量的成本曲线分析，把握追求哪种程度的规模能够获得成本价值才是重点（见图6-1）。

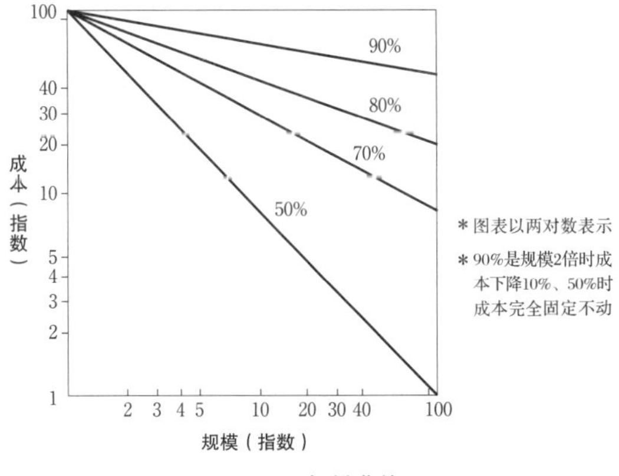

图6-1　规模曲线

（资料来源）《MBA经营战略》格洛比斯经营大学院（GLOBIS）编（钻石社出版）

第二个是，明确事业活动的经验量和成本的关系的“经验曲线”，也就是 Experience Curve（见图 6–2）。

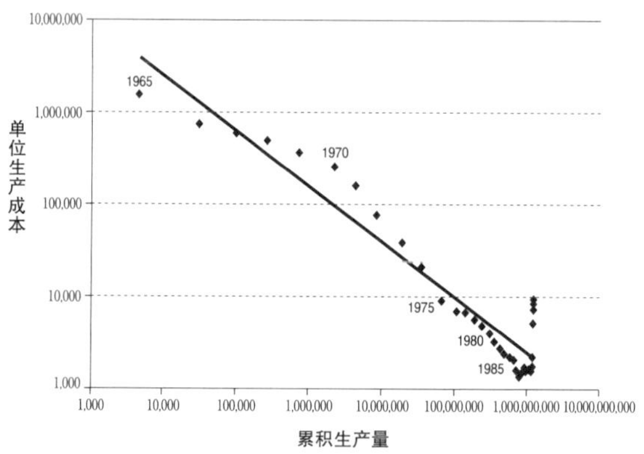

图6–2　台式电子计算机的经验曲线

（资料来源）《经营战略入门》纲仓久永/新宅纯二郎
（日本经济新闻出版社）

相对于规模曲线以事物为对象降低成本，这边是关注“人的学习效果”，被称为“学习曲线”（Learning Curve）。第二次世界大战中，最初说是在航空器组装方面，分析随着作业者的熟练怎样提高生产率。

数量做得越来越多的话，知道了根据学习效果提高生产率，降低成本。这个不限于制造业，即使在服务业，作为衡量人的生产率的思考方法也有效。

认识到成本有这样两个特性，在把握自己公司生产的产品和服务的成本特性之后，实现相对的成本优势，才是领袖战略的主力支柱。

明白了这些成本的经济性的话，就能够战略性地定价。根据设想发售时的“规模效果”和“经验曲线”后定价，在市场形成期以确保市场份额为目标。例如，“10 个的规模，虽然每一个要花 1 万日元的成本，但是判明数量增加到 1000 个的话成本降低 9000 日元”的经济性的话，预料将来的成本下降，“以 1500 日元销售”的价格战略成立。

虽然销售初期，因为不平衡的成本价格导致赤字。但是用低价格扩大市场，因为获得了高的市场份额，所以结果能够产生巨大的利润。明白了成本的特性，战略性的价格政策变为可能。

控制出售及流通的力量

为了成为领袖，不仅要有成本优势、差异化优势这些供给端的强项，构筑销售、流通支配力这些需要端的强项也是重要的要素。换句话说，就是能够“控制市场的力量”。

例如，以全国的店铺网确保对顾客的便利性，以压倒量的广告及宣传认知产品，通过细致的服务把顾客围起来等，在顾客的周围握紧把手，统治市场。丰田在国内展开五个渠道，以压倒性的销售网凌驾于其他的公司。

对领袖来说店铺网不单是销售据点。在一等地段的旗舰店、遍布全国的店铺网，也是公司的“广告塔”，因为那样所以提高了作为领袖的认知。领袖在供给和需要的两方面突显出压倒性的力量，确保在综合力绝对地位的经营战略。

领袖的优势

在综合力一决胜负的领袖企业，以构筑下面的四个优势为目标。

1. 成本主导
2. 价格主导
3. 资讯主导
4. 人才主导

关于成本和价格已经论述过了，往往容易被

漏掉的是，在资讯方面的优势性。也就是，意味着高质量重要的资讯要比哪里都快、而且能够大量地到手。

领袖企业拥有许多的顾客。其中，因为拥有顶级的顾客，所以在业界能够接触到最尖端资讯。那些资讯在接下来的产品及服务中能够迅速地得到有效利用。也就是说，因为鲜度高的资讯，所以领袖能够维系持续的优势性构筑。

进一步，获得人才方面，领袖也处于优越的地位。因为能够确保顶级的人才，所以其基础变得更加稳固。

通过这四个优势综合充分地运用实行经营战略，优秀的公司就能够确立压倒性的地位。因此，领袖以外的企业在理解了领袖战略和动向后，必须探寻完全不同的战略方向。

案例研究6

丰田的“全球化愿景”

包含大发（DAIHATSU）、日野的丰田集团，在日本国内是拥有40%市场份额的压倒性的领袖企业。以产品开发力、生产力、还有销售力这些的合力凌驾于其他竞争公司之上，绝对的霸主地位。

但是，从成长的观点来看的话，国内市场已经是饱和状态。别说期待有很大地成长，连销售台数也在不断减少。

所以，丰田应该寻求海外成长，大转航。于是提出的是，2000年发表的“全球化愿景”。

在那里面张富士夫社长（当时）宣言“以2010年的初期获得15%的世界市场份额为目标”。这也就意味着“超过GM（美国通用汽车——译注），成为世界第一”。此刻，高举着“全球化15（Fifteen）”丰田开始了新的挑战。

这个事业愿景，放在两个轴心上。

第一个是“地域轴心”。提出了“在主场日本，以超出以往的压倒性市场份额为目标”“在经营基础最重要的地域北美，当前的目标是达成超过两百万台的销售以确保稳定收益”“在包含了东欧的欧洲，确立匹敌欧洲汽车制造商的存在，继北美及日本之后飞跃为第三的收益基础，预期销售水平达到2000年的倍增”这些战略愿景。

还有一个是“功能轴心愿景”。例如，在研究开发部门，“用先进技术和市场创造型产品牵引世界，以技术创造立国日本的超级明星为目标”。

另外关于供应、生产及物流，提出“需要变动对应灵活的生产及物流体制的构筑，以及在制造及供应成本上获得世界NO.1的竞争力”。关于销售，超过以往的“展开便于使用的销售网，站在顾客的立场完成最适合的销售计划”的目标。

更进一步，“经营管理者愿景”重点解决的一个轴心被放在，“丰田理念的进化及继承”。

所谓的“丰田理念”是，整理及归纳只有丰田才有的价值观与行动原则，2001年整理归纳完成。“丰田理念”是由“智慧与改善”“尊重人性”的两根柱子支撑起来的，“改善”“现场实物”“团队合作”等，总结了下一代应该继承下去的只有丰田才有的思考方法。

向海外大转航，积极地展开扩大策略的丰田，比当初的计划快，2009 年登上世界第一的宝座。全公司员工配合，让“全球化愿景”的经营战略得以提前达成。

此事的另一面，当初的目标达成被大幅度地提前，过于快速地成长，导致品质问题的发生，造成不良影响。过于急速地成长，给品质这个丰田创造出价值的根干部分，带来巨大的坏影响。

但是，不能因此就要否定“全球化愿景”本身的价值。正因为提出“冲向世界”“瞄准世界第一”的这些领袖战略，丰田才能成为世界第一的汽车制造商。

讲义6译评

上一讲指出了“基于三个战略预案定位的经营战略思考方法”。接下来的三讲指出三个“基于市场角色定位的经营战略思考方法”，即基于“领袖”“挑战者”“间隙领导者”三种不同的角色，认识经营战略应有的不同状态。角色定位不同，经营战略不同：判明目前角色，采取合理的经营战略；或根据角色定位，采取相应的经营战略。

这一讲先说“领袖战略”。领袖应该明确实现两个方面的优势，“成本优势”，具有压倒性的规模价值；“差异化优势”，走在业界前端。以绝对的“综合力”——产品开发能力、供应能力以及流通和销售的支配能力，创造出业界公认为NO.1的品牌力。

成本优势是领袖战略的主力支柱，于是成本和价格便成为领袖的“大规模杀伤武器”。因此把握“成本特性”和“定价策略”对领袖而言尤其重要。

（一）成本特性：通过两个“曲线”把握成本

的经济性。(1) 揭示“规模效果”的“规模曲线”表明，以“物”为对象降低成本，规模变大效率提高、成本降低。(2) 揭示“学习效果”的“经验曲线”表明，以“人”为对象降低成本，规模越大、数量做得越多，作业者经验增加、生产率随之提高，成本因学习效果而降低。

(二) 战略性定价：根据设想发售时的“规模效果”和“学习效果”定价，在市场形成期以确保市场份额为目标。

例如：规模只有10个时，每个成本要10000；但预料规模增加到1000个时的将来成本可下降到1000，于是采取每个1500的价格策略销售；虽然开始会导致亏本（最多时每个要亏8500），但用低价格扩大了市场、摧毁了对手、获得了高占有率；当规模达到1000个时，每个就会有500的利润，33.3%利润率，而此刻“性价比优势”已牢固锁定、市场大部分已被占领，结果将产生巨大利润。

这就是把握“成本特性”进行的“战略性定价”。领袖暗藏的“杀机”，可见一斑。

作为“领袖”，必须立足“两端”的强项，即成本优势、差异化优势这些“供给端”的强项，和销售、流通支配力这些“需要端”的强项。这就是，夺取“控制市场的力量”——以“两端”的合力统治市场。领袖优势的关键词，就是“综合力”。

在“案例研究6”中，丰田在国内以领袖战略的绝对“合力”凌驾于其他公司，但已达成长的极限。于是实施战略转航“冲向世界”，一开始就确立了“瞄准世界第一”的领袖战略。2000年颁布“全球化愿景”：“2010年初期获得15%的世界市场份额，超过美国通用，成为世界第一。”其全球化战略的结构布局可概括为“两端五轴心”：

（一）在“需要端”——

（1）“地域轴心”，定义了本土、欧洲、北美市场的战略功能及市场目标，设计了“需要端”的宏大布局。（2）“销售轴心”，在销售上，超过以往的目标。

（二）在“供给端”——

（3）“功能轴心”，在研发方面用先进技术和市场创造型产品牵引世界。（4）“成本轴心”，在制造及供应成本上获得世界NO.1的竞争力。

(5)“文化轴心”，整理归纳只有丰田才有的价值观与行动原则，总结下一代应该继承下去的丰田思考方法。

最终提前于2009年登上世界第一的宝座。

讲义7

挑战者战略

已经有确定的领袖存在的情况下，勇敢地向领袖挑战决一胜负，以新的领袖为目标就是“挑战者战略”。

用一句话来说的话，就是“挑战”战略。规模和经营资源的量胜过领袖、在对手之上，要求那个战略方向是超过领袖的战略。和领袖做一样的话，没有可能战胜对手。

在讲义 7 里，一起来思考关于作为挑战者为了成功的经营战略。

跟随不是战略

虽然挑战者看着领袖的背追赶，但盲目地尾随在领袖的后面不得不说是无策略。单单尾随在领袖的后面，只不过是跟随。

在市场成长的时候，即使是尾随的跟随者也能够获得一点“余惠”，但不久市场的成长放缓的话，最先一个出局的就是跟随者。没有差异性，仅仅只是尾随在领袖后面的跟随，不能叫做战略。

如果说领袖在那个业界是打造出“定例”的企业的话，可以说挑战者就是拥有创造出“新的定例”气概的公司。因为“新的定例”登场，市场活性化，带动市场本身扩大发展。而跟随者只不过是做“定例的翻版”的公司。

常常说为了行业的持续发展及成长，需要“健全的第二”。在汽车业界丰田和本田的关系被列举为好事例。正因为有“挑战”领袖的挑战者存在，领袖也才能发奋，相互切磋琢磨，带动行业的发展。

挑战者，不是沦落为跟随者，而是有勇气挑战独自的价值创造的企业。

革命性创新与一点突破

作为挑战者为了成功，要革命性创新，也就是说必需革新的价值创造。如果从顾客那里没有得到“这个很新颖啊”，“到现在为止都没有的独特东西”的认同价值的话，不可能成为和领袖对等战斗的存在。

革新的价值吸引市场的时候最关键的是“一点突破”。经营资源的质与量一同处于劣势的挑战者，即使生出能够成为革新的价值的“芽”，如果没有向那里集中地投入资源的话，也不可能培育成功。

“以这个决一胜负”的价值决定了的话，必须心无旁骛地挑战。“胆怯畏缩”的战斗方法，无法威胁到领袖。发现了价值的话，向那里一点突破、集中资源发展才是重中之重。

另外，对挑战者来说能够成为唯一的一个重武器的是速度。领袖的种种组织臃肿化的同时，伴随着动作迟钝的倾向，也表现出“大企业病”的症状。快速的一点突破，可以成为挑战者的重武器。

也就是说，挑战者要攻击领袖的弱点和盲点才是要害。创造出和以前的“定例”完全不同的差异化价值，一点突破快速进攻。可以说那才是挑战者的战略要诀。

不断成为挑战者

即使以革新的价值创造和快速的一点突破获得了成功，也不能沉浸在“太好了”的喜悦当中。真正的胜负，从那里才开始。挑战者实际上，成为领袖之后更加困难。

为什么？在那之前安稳地高高在上的领袖苏醒了，反过来以挑战者的气概袭来。像是踩到了“沉睡狮子”的尾巴一样，领袖认真地发起新的挑战。

另一方面，挑战者自身也因为赢得了领袖的位置，所以经常能够看到骄傲自满的情况。虽说产生了“新的定例”，但是在综合实力上仍然还是领袖有优势。疏忽大意的话，有可能一口气被再次逆转。

挑战者有必要不断成为挑战者。在讲义 9 的案例介绍的 Askul（爱速客乐办公用品），当初为了和领袖 Kokuyo（国誉办公家具）对抗，挑战创建商品目录这种新的商业模式，收获了成功。那之后，Askul 没有对成功感到骄傲自满，经营的商品向医疗和饮食业扩大，进一步向间接商品的代购这种很大的品牌形态的创建进化，不断成为挑战者。

挑战者在成为领袖之后，必须更加坚持“挑战”的战略。

案例研究7

以“Super Dry超爽生啤”挑战麒麟大本营的朝日啤酒

朝日啤酒曾经陷入“死亡谷”。啤酒的市场份额下降到10%，被逼到临近破产的状况。

拯救那个困境的是，1987年3月投入的“Super Dry超爽生啤”。“Super Dry”有“层次丰富的口味，清新爽快的感觉”这些特点，创造出和以前的啤酒绝不共存的相反要素的“新味道”。谋求一点突破，立刻挽回了市场份额。在麒麟啤酒的“Lager（拉格：酿造后再储藏成熟的啤酒——译注）”长年持续作为“定例”的统治下，创造出新的价值，因为向那里集中经营资源，所以朝日啤酒抓到了崭露头角的机会。

“Super Dry”的销售额急速上升，大致在5年中市场份额的势头直逼30%。如果这样的话，通常会想要推出产品线扩张的战略。但是，朝日啤酒并没有那么做。

与公司一起成长的樋口广太郎先生从1992年交接经营，就任社长的濑户雄三先生，判断“以Super Dry还能行”，锁定“Super Dry”为聚焦点继续一点突破，再次以两位数的成长为目标（见图7-1）。

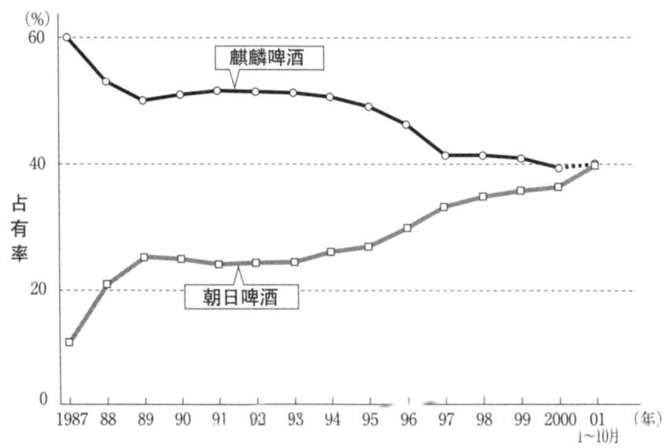

图7-1 不同厂商啤酒·发泡酒出货量占有率演变

（资料来源）转载《日经商业》2001年12月17日号 第46页

（注）各公司发表的啤酒·发泡酒纳税出货量从《日经商业》试算出。麒麟2001年1月~10月的数据是《日经商业》推定的。

那时候，考虑到不仅仅是产品力，还需要“+α（意为附加常数——译注）”的新价值，在1993年提出了“新鲜经营”这个新概念。

在那之前啤酒的鲜度等，谁都没有意识到。

即使酒屋放着不新鲜的啤酒，几乎也没有不满的人。

颠覆那些“常识”，朝日导入“只陈列生产期10日以内的产品，那些不新鲜的啤酒不卖”的新计划，“Super Dry”的销售额于是更加稳步地上升。

结果，朝日啤酒2001年获得了曾誓死以求的第一市场份额。以一瓶“Super Dry”，终于成功瓦解保住首位近半个世纪的麒麟的大本营。

那之后，朝日啤酒从2000年，开始向“综合酒类制造商”的方向摸索。那过程中经营的商品，向威士忌和葡萄酒、烈酒等方面扩大，指向全产品线。

作为挑战者跃进的朝日啤酒，现在和麒麟啤酒在一样的“场地”正面一决胜负。但是，再也无法恢复到以“Super Dry”一瓶急速成长时候的势头。

另一方面，麒麟啤酒怎么样了呢？首位被夺去的那年，提出了“新麒麟宣言”，着手大胆地改革。

1998年，比还集中在“Super Dry”的朝日啤酒抢先的姿态，提早进入发泡酒（低麦芽率高辅料的低成本啤酒——译注）市场。1997年关闭在广岛、东京及京都国内的三个工厂，1998年又关闭高崎工厂，不设禁区断然实行改革。

另外，以提高海外比率为目的，不断进行大型收购。特别是，2007年转制为控股型公司之后，投入大约9000亿日元在东南亚和大洋洲地区收购当地的大型乳业制造商和啤酒制造商，在那些地区构筑作为综合食品制造商的地位。于是麒麟啤酒从童话般巨人时代的“大人老爷营业”脱出，向挑战者转身，谋求反击。

因“Super Dry”的一点突破跃进而成为领袖的朝日啤酒，不知不觉和麒麟在同样的“场地”战斗，不得不采取同质化经营战略。虽然挑战者采取的经营战略比较专一，但是成为领袖，无论如何总有变成“花心”的倾向。提出怎样个性的经营战略？追寻朝日啤酒的真正价值在未来。

挑战者即使成为领袖，仍然必须不断成为挑战者。赢了之后才是真正的决胜负。

讲义7译评

这一讲，延续“基于市场角色定位的经营战略思考方法”，承接上一讲“领袖战略”，指出“挑战者战略”——挑战领袖的战略。

任何胜利，最终都是资源的“量胜”。战胜领袖，也不例外。因此，绝不能模仿跟随、与领袖做相同的东西，因为这样的话你的那个“量”永远处于劣势。必须以敢教日月换新天的气概，以独自的价值创造挑战领袖的存在。

因此，挑战者战略的要诀：一是“革命性创新”——必须以革新的价值创造“决一胜负”。二是“一点突破”——经营资源的质与量总体上处于劣势的挑战者，务必向“聚焦点”集中一切力量形成局部的绝对资源优势，以局部的量变促成质变、形成一点突破。三是“速度”——领袖臃肿迟钝，快速可以使“一点突破”的效率及效果产生裂变。四是“警醒”——即使挑战成功，也不要高兴得太早，真正的决胜才开始。

在“案例研究 7”中，挑战者朝日啤酒之所以能够仅凭“一瓶”Super Dry，就瓦解了麒麟啤酒近半个世纪的领袖地位，其挑战者战略的成功诀窍正是在于——

（一）谋求革命创新

在麒麟的“拉格”啤酒长年持续作为“定例”的统治下，针对其所代表的“酿造后再储存成熟”的行业共同特征，选择对立（最彻底的差异化）的经营战略，推出Super Dry“超爽生啤”，创造出和以前的啤酒绝不共存的相反要素的“新味道”，从而创造出新价值。不仅如此，还史无前例地提出了“新鲜经营”的新理念，承诺“只陈列生产期10日以内的产品，那些不新鲜的啤酒不卖”。这一新的附加价值，颠覆了历史，强化了革新，教育了顾客，巩固了战略。

（二）坚持一点突破

向新价值坚决地集中资源，当销售额连续急速上升、份额直逼30%之后，没有按通常必定会采取的做法扩张产品线；当领导层交接经营后，新任社长仍然锁定“Super Dry超爽生啤”为聚焦点，持续一点突破。朝日啤酒从1987年开始投放Super Dry，到2001年获得市场份额第一，这其间一瓶生啤“一点突破”整整坚持了14年！

可惜，故事并没有像童话那样结束“从此，王子和公主过着幸福的生活……”。挑战者在成为“新领袖”之后，“领袖”的老毛病开始重演：不断的产品线扩张，使“一点突破”的速度骤然减缓、攻势停滞下来。朝日相当于丢掉重武器，却捡起了木棍，以“综合酒类制造商”的身份跑去同质化的“决战场地”与麒麟厮打。

麒麟终于有救了。从炮火的停顿中喘息过来，于是开始励精图治，提出“新麒麟宣言”，着手大胆地改革。朝日的教训，正如作者所言，“挑战者在成为领袖之后，必须更加坚持‘挑战’的战略”。

讲义8

间隙领导者战略

像挑战者一样，只是向领袖正面“挑战”一决胜负，未必是取胜的经营战略。也有“避开”与体力、综合力占优势的领袖的战斗方法。

具体地说，探出觉得领袖不会加入的“Niche（利基：间隙——译注）”，在那个有限的“场地”以压倒的存在为目标，这样一个经营战略。不是谁都想加入的那种巨大市场，而是特化并集中于那个间隙存在的限定规模的部分，并且正因为是集中的选手，所以叫做“间隙领导者”。在某个特定的范畴以 NO.1 为目标，也有称为“小众第一”“分类冠军”。

在讲义 8 中，一起来学习关于“间隙领导者战略”。

特定的“间隙”不容易

商业里经常有“瞄准市场间隙”的说法。确实，不管什么样的市场都存在“间隙”。特化某个特定的顾客群，特化某个特定的产品，特化某个特定的区域等，各种各样特化的“轴心”。

例如，HOYA（豪雅光学），因“以小池塘里的大鱼为目标”这样一个独自的经营战略的高收益而足可自豪。从光学玻璃制造开始的该公司，现在向“光”有关的事业中心转移。但是，在那个根底里的“小池塘里（市场）的大鱼（市场份额）”这么一个思考方向不动摇。

但是，以某个“间隙”为特定的战略，并不容易。为什么？必须特定于不太大、不太小的适当规模的“间隙”。

例如，即使当初设想过“间隙”，也会有与设想相反而市场成长起来的情况。当然，如果那个市场具有有魅力的规模的话，有实力的大企业会相继加入。那样一来，没有实力的企业想取胜变得困难。

相反，虽说“间隙”，但是市场过于小的话，缺乏事业的发展性，有可能不能维持经营。另外，随着时代的变化，间隙市场本身也有可能消失。瞄准怎样的“间隙”，对于间隙领导者可以说是最初的关口。

相比规模还是追求收益

对间隙领导者来说盲目地追求规模，绝对没有好处。相比之下重视收益性比什么都要紧。

因为本来就是市场规模有限的“间隙”，所以追求规模有限。充分利用自己公司的优势和技术，提供高附加价值的产品和服务，必须常常以追求高收益性为经营的支柱。牺牲掉收益性追求规模，对间隙领导者可以说是“罪恶”也不过分。

事实上，过去罗兰·贝格在2005年进行的调查，东京证券一部上市的制造业816家公司里面，被分类为间隙领导者的188家公司的平均营业利润率是11.4%，确保了两位数的收益性。这个比规模大的98家领袖企业平均7.4%的利润率超出很多。附带的，被分类为跟随者的530家公司的平均利润率，只不过2.9%，可以看出“没有战略”的跟随者陷入了低收益的境地（见图8–1）。

因为在“间隙”成为压倒性的存在，所以实现了高收益。间隙领导者战略的精髓就在这里。

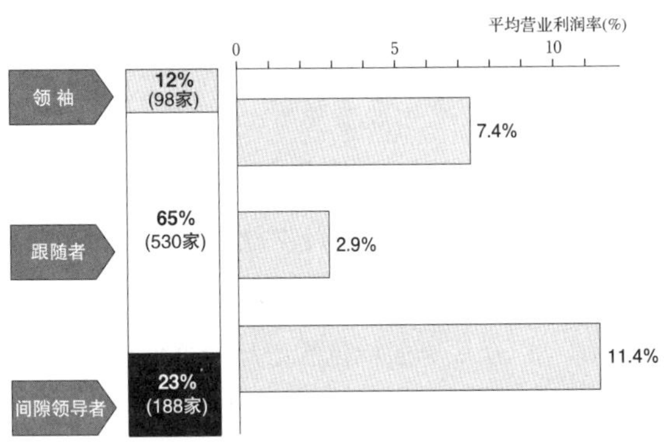

图8-1　大型企业的定位及收益性

（资料来源）罗兰·贝格分析

应该以“平衡木经营”为准则

将在“间隙”这个狭窄、被限定的市场一决胜负的间隙领导者比作体育竞技的话，必须像在“平衡木”上瞄准高得分一样地经营。为了不从细小的舞台上掉下来，要求常常有紧张感的经营。而且，这个紧张感对间隙领导者来说也是优势。公司全体从早到晚，从经营高层到现场，只考虑那个特化了的事业，不给予其他公司进入的余地才是要害。

虽然那么说，但是禁止麻痹大意。即使在间隙市场成为压倒性的存在时，也有竞争对手加入进来的风险。

例如，万宝至马达（Mabuchi-Motor）作为小型电动机的间隙领导者，是高收益的企业。即使在小型电动机里面，也“在直流中有磁芯（Core），附有电刷”以这种更加特化的产品构筑独自的优势，在这个细分领域确保了近七成的世界市场份额。

但是，那里有中国的新兴制造商参战，一下子变成价格竞争，万宝至马达所占市场份额和收益都大幅下降。

像这样的风险要怎样应对才好呢？体操竞技的“平衡木”长度是决定了的，不能超过那个长度。另外，像万宝至马达的经验一样，想着谁都不会来加入也必须设想“平衡木”上竞争对手加入进来。

间隙领导者要实现安定的经营，需要拥有复数的“平衡木”。不是只抓住一根“平衡木”，而是要确保展现出压倒性存在的复数“平衡木”，不牺牲高收益，也可能实现作为企业的稳定成长。

可称为榜样的企业是日东电工。该公司是从

电气绝缘材料起家的公司。现在在电子原材料和汽车制品、工业制品等广泛的领域里标榜“全球化市场间隙”，确保很多的产品占世界最大的市场份额。

案例研究8

彻底“收益重于规模”的广濑电机（Hirose）

广濑电机是手机内装连接器的世界第一企业，足以自豪的25%市场份额。以芬兰诺基亚为首的高端手机制造商的Fast Vendor（最优先零部件供应商），最先接触到产品的订货委托。

“成为NO.1的全球品牌。”

广濑电机在这个经营战略下，尤其在手机和电脑、通信机器等制造商中挤进了世界第一的显赫企业，以“如果从顶端掉下的话，就会被第二位以下的企业捕获”这样的成败计算方式，获得了最优先零部件供应商的位置。

但是，看该公司的销售额的话，在连接器业界只不过是世界第7位。看规模的话，超过该公司的企业确实也有很多。

那是因为该公司不追求规模，只特化完成高

收益的细分领域。该公司在手机和高速通信机器等利润率高的领域，几个产品有世界NO.1的市场份额，拥有复数的“平衡木”。

该公司提出“新产品比率在35%以上”这么一个高目标，定下“只做最尖端的连接器”这样一条准则，如何能完成这么大的销售额？在变为泛用品的阶段就彻底撤退。出现追随的制造商的话，就会陷入价格竞争，那个“平衡木”就会开始摇晃。所以，不断努力提高新产品的比率非常必要。

现在该公司，一方面年间投入约4000种新产品，另一方面消灭掉5000个项目。被说为“在三年间替换三成的产品”。

虽然自己承负着“世上已经存在的产品不是开发的对象”这么一个严格的准则，但是广濑电机为什么能够做得到不断地开发出新产品？其最大的缘由是有“伏击战略”。

像前述的一样，位居世界第一企业的广濑，能够最快地得到顾客的新产品信息。利用这个有利的地位，看准两三年后被实用化的导线，率先开发必要的连接器。约半数的开发人员全力解决率先开发的问题。

率先开发成功，开发品被采用的话，新产品

的生产能够比哪里都快自主动手。虽然这样的成功率只有三四成，但是正因为这样的努力，为提高利润率高的产品比率做出了贡献。

最近的案例，打入在路由器世界市场拥有80%以上市场份额的美国思科（Cisco），接受高速路由器用的连接器订单。即使接下来在手机用的连接器新市场，该公司也以其他公司无法触及的新产品决胜负，瞄准成为全球 NO.1 的品牌。

像这样，拥有几个世界第一的连接器产品的广濑电机，因为常常替换“平衡木”，所以销售额并没有飞跃地成长。彻底坚持间隙领导者，不追求规模，将收益放在第一位。

“拥有世界最高市场份额的产品并能够确保30%前后的利润的话，即使遭受很大的经济危机，也绝对不会出现赤字。”

像中村达明社长明确说的这样，虽然该公司在雷曼冲击之后的 2008 年度下半期的销售额收益经常下跌到 12.7%，但是在 2009 年度中期又快速恢复到 25.1%。

这样，广濑电机今后的课题是替换占用途分类销售额构成比 35%的手机部件产品，找到下一个经济支柱。那是因为，“已经达成高利润率的广濑电机，不怎么增长了”，一定要竭尽全力打动投资者的心理，预想到让股价上升。

间隙领导者最大的风险是，“不知不觉事业范围扩大，变成半吊子的复合企业”，或者“聚焦的市场的低成长和缩小，竞争加剧等，那个‘平衡木’开始动摇”这两种风险。经得起“成长的诱惑”，有勇气从利润率下降的“平衡木”上下来。广濑电机一方面作为间隙领导者最大限度地利用自己的优势，另一方面也在和间隙领导者的风险战斗。

讲义8译评

这一讲，延续讨论“基于市场角色定位的经营战略思考方法”。继“领袖战略”及“挑战者战略”之后，指出“间隙领导者战略”，即特化并聚焦于领袖不会加入的“间隙”市场，在特定的范畴以压倒性的存在甚至垄断为目标。

对间隙领导者而言，根本的战略要诀只有一条，就是做“小池塘里的大鱼”——即小市场大份额。经营的铁则就是“不求规模，但求收益”。因为“间隙”里追求规模有界限，容器小就必须收益高，才可能创造大价值。这就是真理。对东证一部上市企业的调查统计也证明，间隙领导者的平均利润率相对是最高的。作者一语道破天机：“因为在‘间隙’成为压倒性的存在，所以实现了高收益。间隙领导者战略的精髓就在这里。”所以，做小池塘里的大鱼，一箭双雕：既确保竞争力，又确保高收益。

在“间隙”这个狭窄、被限定的市场中经营，“必须像在‘平衡木’上瞄准高得分一样常常有紧张感地经营”。那么，间隙领导者如何实现安定的经营？有以下几种办法：(1) 看准“平衡木”，选择自己技艺高超的“平衡木”。(2)恪守“平衡木”，坚守自己“决战场地”限定的范围。(3) 复数“平衡木”，确保展现出压倒性存在的多个“平衡木”。(4) 改换“平衡木”，主动放弃开始“摇晃”或收益变低的“平衡木”，变换立足新的“平衡木”。

这样，方能“不牺牲高收益，也可能实现作为企业的稳定成长”。

“案例研究 8”里，连接器世界第一企业的广濑电机，作为“间隙领导者”，其经营战略十分典型，“成为 NO.1 的全球品牌”：(一) 成为业界制造商中世界第一企业的“最优先零部件供应商”。(二) 只做第一，第二就等于灭亡。(三) 不追求规模，只特化完成高收益的细分领域。

所以，广濑电机在世界连接器业界，虽然无论规模或销售额都没有名列前茅，但是，在手机和高速通信机器等利润率高的领域，几个产品占有世界 NO.1 的市场份额，拥有复数“平衡木”。

广濑如何确保高收益性以及这么大的销售额？(1) 靠高端——只做最尖端的连接器。(2) 靠新品——新产品比率在 35% 以上。(3)靠独有——

每一个新产品在出现追随者、变为泛用品、陷入价格竞争之前就被彻底抛弃。（4）靠高利——拥有世界最高市场份额的产品并能够确保30%左右的利润。可以看到，该公司是以大换血的方式保持产品的价值活力，靠“新鲜血液”创造高价值。

那么，广濑电机为什么能够做到不断开发出新产品？最大的原因是有“伏击战略”——利用“第一”的有利地位，最快得到顾客新产品信息，看准两三年后将被实用化的导线，率先开发必要的连接器。

为此，“约半数的开发人员全力解决率先开发的问题”。这一点很重要！广濑电机的高价值高收益，其根本就来自“新”与“快”，所以一半的开发资源“押”向了“率先开发”这个点。从结构上、资源优势的绝对“量”上，确保了核心价值创造的成功。

——战略秘诀，尽在于此！

讲义9

经营战略只不过是“假设”

看到这里，经营战略应该是根据确切的信息和分析据理制定。但是，即使提出合乎道理的经营战略，那也不一定顺利进行。在桌面上想着是合乎道理，但最后不做的话什么都不知道也是事实。

在讲义9中，一起来思考关于经营战略是“假设”这么一个侧面。

不存在完美的经营战略

在制定经营战略的时候，收集信息和根据信息进行客观的分析是必不可少的。就像到现在为止讲义涉及的一样，得心应手地用好3C分析和SWOT分析、优势矩阵、规模曲线、经验曲线等多种模型框架和分析工具，据理研究制定最适合自己公司的经营战略。根据多方面的信息和确切的分析，确保经营战略的合理性。

然而另一方面，即使收集再多的信息，对那些信息的分析做再多的努力，在制定阶段也不可能圆满得出完美的经营战略。

为什么？因为市场和顾客在不断变化，所以随着那些变化，竞争也在变化。正视“分析是基于过去的信息，从那里并不能预见未来”这么一个事实，有必要认识到从那里提出的经营战略只不过是“假设”。

总之，提出的经营战略是否妥当，最终不做做看的话是不知道的。不管任何经营战略都有“可能弄错了”“可能进行得不顺利”这些风险，这些都必须铭记在心。

也许会想“那样的话，战略不是没有任何意义了吗”？但那么想是错误的。即使是“假设”，如果没有经营战略的话就无法确定经营的目标，也不能准确地分配资源。没有经营战略的话，就像“没有引擎的汽车”，无法正常地营运企业活动。

在这里我想表达的是，“对经营战略过度的深信是危险的”。太过于确信是“完美无缺的战略”的话，即使进展不顺利，“不，绝对可以进展顺利”，不能修正到恰当的轨道，经常有就那样莽撞猛跑的例子。那个叫做“战略的暴走”。

进展得不顺利原因也许是经营战略不妥当，

故不宜紧紧抱住不放。认识到“战略只不过是‘假设’”的话，就能够灵动地修正轨道。

肯德基炸鸡的战略转换

在这里，以日本肯德基炸鸡（KFCJ）为例来进行说明。日本肯德基是1970年由美国KFC公司和三菱商事合作成立的。经过40多年的发展，直营店、加盟店总计有超过千店的店铺网。

但是，登陆日本没过多长时间，日本肯德基就遭遇一个很大的失败。当初，和本家美国同样，以郊外的沿街店铺为中心尝试分店，但顾客完全没有增长，出现了“日本人不吃肯德基炸鸡”等迫不得已的辩解。

确实，肯德基在美国以郊外来展开店铺，大获成功。因为“去哪里都是汽车”的国情，所以在店铺区位选择上可以说是妥当的战略。

但是在日本，情况有很大的不同。和美国同样，即使汽车普及，但当时日本“开车出去吃饭”的习惯和文化还没有扎根。

“日本人不是不吃肯德基炸鸡，而是在和美国一样的区位条件下做是错误的。”

日本肯德基根据这个“新的假设”，大幅度转换经营战略。

“去学校和公司也好，去城镇玩也好，绝大多数日本人利用电车。要回去的时候，去游玩的时候，朋友同事一起吃饭或外带拿着回家。比起郊外路边的区位，车站附近的区域利用率应该更高。以车站附近为中心来展开店铺。”

重新考虑在“和美国做一样的话，日本也可以成功”这种容易的假设之下实行的最初战略，立足于日本的文化及习惯建立新的“假设”，进行经营战略的轨道修正。这个战略转换奏效，作为外食连锁店博得了大人气的发展。

经过反复提炼制定的经营战略，因为进展不顺利所以轻易转换改变是有问题的。但是另一方面，抱住当初的经营战略紧紧不放也可以说是有问题的。道理何在？只不过是“假设”而已。有时，拿得出勇气进行轨道修正才是最紧要的。

一边运行，一边“进化”经营战略

当初制定的经营战略，往往是不完全的。特别是，不熟悉的新事业等情况，因为信息和经验都有限，所以变成偏离目标的经营战略的风险非常高。

重要的是，通过实践学习，让经营战略得到“进化”。最初的战略是“60 分”也没有关系。即使“60 分”开始事业，根据实践学到很多，轨道修正是可能的。比起追求完美的经营战略及在分析和信息收集上花费过多的时间，在“60 分”早期开始才是最要紧的。

拥有作为“假设”的经营战略，首先试着运行起来。然后，通过那个经验，一边运行一边进行经营战略的轨道修正，使它得以“进化”。经过这些过程，经营战略被实践证实而逐渐成形、固化下来。

那个时候，认识到“经营战略的制定和实行是不可分离的”非常重要。根据不同的公司，像这样“我，是定战略的人；而你，是实行那个战略的人”，有经营战略和实行分离考虑的倾向。

但是，经营战略是通过实践学习的，应该让它持续“进化”下去。不是战略是战略、实行是实行分开来考虑的，而是这两个常常一体考虑才是最要紧的。

案例研究9

持续进化的Askul（爱速客乐）

爱速客乐（Askul）是1993年，从作为办公文具制造商普乐士（Plus）的一个担负邮购的事业部门开始的。当初瞄准的是，与业界童话般的巨人企业国誉（Kokuyo）相比，扩大销售在销售力上逊色的普乐士的产品。

爱速客乐当前的目标顾客是锁定30人以下的中小事业体，提出了“提供即使是少量，明天也一定送达的服务”这么一个经营战略。公司名“Askul”，就是来源于象征着便利性和服务的那个词语——“明天到”。

为什么说中小事业体是目标，因为那个部分是既有文具渠道而又没有展开过积极的销售活动的“真空地带”。国誉的根据地一直以来的文具渠道，是对大型企业进行细致的服务，而营业效率不好的中小事业体，是费时又“不美味”的部分。

反过来说的话，中小事业体对那些一直以来的服务抱有不满。爱速客乐看上了“竞争对手不想做的”顾客部分，以商品目录销售这样一个新的手法提供过去没有的价值。

当然，那个后面，也有“大型企业被国誉掌握，开拓不容易”这么一个判断。爱速客乐的评价慢慢提高，销售额也增长了起来。

但是在这里，爱速客乐做了一个很大的战略转换的决断，即不考虑以母公司普乐士的产品为中心销售，而是彻底站在顾客的立场开展生意。

自己的存在不是普乐士的“销售代表”，而是站在顾客的立场代理购买，成为“购买代理人”。那即意味着“脱离普乐士”“脱离母公司”。对于是为了扩大销售普乐士的商品创办的公司来说，是一百八十度的战略转换，这并不是一个容易的决断。但是，没有这个决断的话，就不会有爱速客乐未来的发展。

这之后，爱速客乐的企业理念改为“为顾客而进化”。爱速客乐，大幅扩大普乐士以外的商品业务，同时直接与制造商合作开发反映顾客要求及渴望的独自的商品等，实现了快速的增长（见图9–1）。

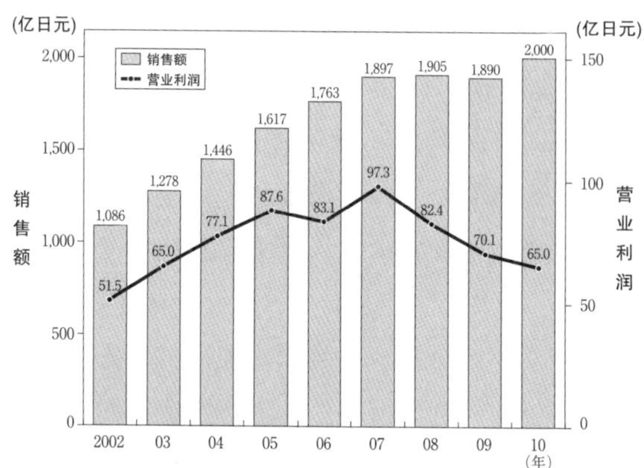

图9-1 爱速客乐(Askul)的销售额·营业利润演变
(资料来源)出自SPEEDA

那之后，国誉和大塚商会等加入，竞争变得激烈起来。先驱者的爱速客乐，不仅在办公用品，而且向新的领域和市场扩展。

2004年面向医疗业界的邮购，2005年开始面向饮食业界的邮购。不论哪一个都是沿着“为顾客而进化”的理念推出的新战略。

现在更进一步，把办公用品以外的间接材料业务放在下一个生意的中核位置。间接材料，是指不包含直接关系到生产的原材料、资材及部件等的全部供应品（在生产过程中有助于商品形成或生产进行但不构成商品实体的材料，如燃料、机具等——译注）。以业务用品为首的作业用品和研究器具等，足足超过百万的品项数。

间接材料即使是单一的企业总部和办事处、店铺、工厂等零散订货的情况也比较多，是能够大幅削减其成本的领域。爱速客乐从那里看到了下一个“增长点”。

然后在2005年，让顾客企业能够从互联网统一购入所有的间接材料，间接材料统一购入系统“SOLOEL”的构想开始了。在这个构想中爱速客乐推进的是，将供货商和顾客纳入形成连接的平台。为此大幅扩大IT投资，进行具备增加海量品项数的物流网的再构筑。“SOLOEL”在不久的将来，以商品交易额1兆日元及销售额1000亿日元的新商业平台的确立为目标。

爱速客乐，从“购买代理人”向以大企业为中心的“共同平台”进化。

讲义9译评

这一讲，重点指出经营战略的“进化论”。首先要确立一个观念“不存在完美的经营战略”。因为，即使收集的信息再多、对信息的分析再努力，也不可能得出完美的经营战略。实战是检验战略的唯一标准。所以，任何经营战略只不过是一种“假设”。

那么经营战略还需要吗？当然。即便只是“假设”也是当下最有理据的。没有经营战略就无法确定经营目标，也无法准确分配资源，便无法正常营运企业活动，更无法确定经营改善的方向。因此，经营战略就像生活本身，不完美、但必须、要继续。

如何继续下去？过度深信经营战略是危险的，抱残守缺容易“一条路走到黑”，不能修正到恰当的轨道；缺失经营战略又是荒唐的，所有的工作与资源将会失去目标，导致经营的极低效率，丧失经营的价值方向，没有未来。因此，现实中的经营战略，就是在“不迷信”与“不缺失”之间，一条实事求是的“中道”。所以，战略如何继续下去？就是在不完美与必要之间“灵动地修正轨道”。

认识论就是方法论。只要能够认识到“战略只不过是假设”，就能够灵动地修正轨道。所以作者认为最初的战略只要够“60分”即可开始事业，“根据实践学到很多……一边运行一边进行经营战略的轨道修正，使它得以‘进化’”。

经营战略“假设——修正——新假设——再修正……（循环往复持续进化）”的进化论，使战略的制定与实行统一了。制定是对实行的假设，故制定即实行；实行是对制定的修正，故实行即制定——这就是东方的“知行合一”。互为因果、分而不离、生生不息——这就是“进化”。

日本肯德基的先败后荣，正是得益于认识到经营战略（原假设）不完美，于是进行了轨道的修正（新假设）。

在“案例研究9”中，爱速客乐通过“六次轨道修正”，使经营战略持续得以进化，最终从办公文具制造商普乐士的一个邮购事业部，“进化”成为一个交易额一兆日元、销售额千亿日元的新商业平台和一个知名品牌“Askul”！

讲义10

增长与经营战略

有这么一句话“增长治愈一切”。即使公司内有各种各样的问题，只要收益持续增长的话，经营就能够继续。是这样一种思考方法。

确实，增长让企业活性化，提供员工作为个人的成长机会，也能促进提升干劲。那是事实。

但是另一方面，也有这么一种看法，问题是那样就变成了增长至上主义。彼得·德鲁克在其著作《管理》里，断言“以增长本身为目标是错误的。增长得越多自己越没有价值。成为优秀的企业才是正确的目标。增长本身是虚荣”。

在讲义 10 里，一起来思考关于经营战略与增长的关系。

追求安定增长

有效地活用从股东那里获得的资本，创造出新的价值，产生收益。不用说这是赋予经营者的责任。

为了完成这个责任，不是安于现状，而是要

常常挑战新的商业机会，必须在未来志向上追求增长。

但是，挑战有风险是避免不了的。去做新领域的话，不能充分利用在过去的成功中培养的“地形熟悉”和经验，有可能会失败。推进多元化的话，需要管理复数的事业，也会有陷入千辛万苦的状况吧。所以，必须一边极小化风险，一边摸索增长。

在企业增长上基本的思考是，追求“安定增长”。换一种说法的话，就是“缓缓的、可持续的增长，在增长过程中抑制最小限度的弊害出现”。

重建IBM的路易斯·郭士纳把像这样的经营叫做“Plateau（高原）型模式”。高原，也就是说，主张像“高原”一样画平稳的成长曲线才是理想的。

与之相反的极端是，“Matterhorn（尖峰）型模式”。郭士纳说“像矛一样尖的尖峰，销售额急速增长的公司，其增长的要因失去的时候就急速下降。急速下降、急速扩大不被股东和顾客欢迎”。

虽这么说，但并不是要否定全部的急速增长。特别是，刚起步的时候冒险的企业顺应时代潮流，经常能够看到急速增长的例子。趋势让企业发展也是事实。只是常常需要认识到“急速地增长会给经营带来风险和弊害”。

事业的生命周期

无论怎样地追求安定增长，企业以单一的事业永久持续地增长大致是不可能的。和人一样，事业也有“寿命”，与时代一起，使命终结的那一天将会到来。

这就叫做“事业的生命周期”。事业的阶段有“导入期”“成长期”“成熟期”“衰退期”四种分法（见图 10-1）。

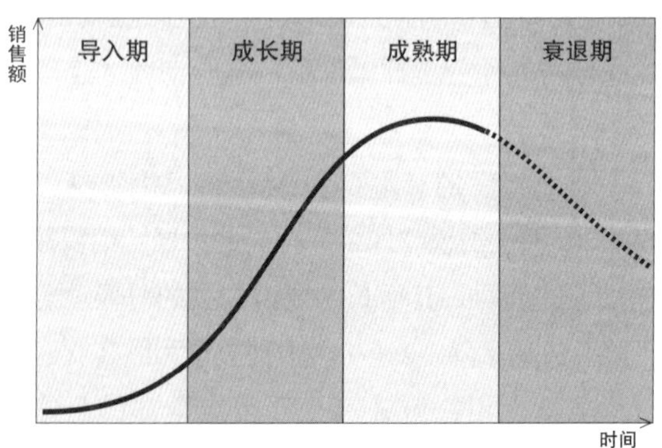

图10-1 事业的生命周期

（资料来源）《企业经营入门》远藤功（日经文库）

导入期，是事业的黎明期。独特的想法和创意，拥有到目前为止都没有的革新技术的企业，开拓新的市场。

在成长期，因为拥有丰富经营资源的企业的出现和竞争，所以到了培育大市场的阶段。市场的魅力度也不断地提高，加入的企业增多了，市场得到了活性化。

从成熟期到衰退期，市场的增长性钝化，豁出一切求幸存的竞争激化起来。很快，胜组、败组变得明朗，失去优势性的企业将被淘汰。

就像这样，全部的事业都是有“寿命”的。当然，根据事业不同，“寿命”长短各不相同，但是没有永远持续增长的事业也是事实。

然而，企业必须持久地继续存在下去。正因为如此，看清各个事业的“寿命”，常常挑战新的事业，有必要更换事业。世界的优秀公司，生气勃勃地重组事业，持续长时间地不断完成好的业绩。

例如，1802 年创业的 Dupont（都彭），从黑色火药的制造开始事业。所谓的军需产业。因为当时世界战火正旺，所以赚取了很大的收益。

然而，在第一次世界大战结束之前，都彭

以那时得到的巨量资金和在炸药制造上培育的技术力为基础，决断向新的领域进发。经营的重心轴从炸药向预计将大幅成长的化学制品转移。一般可能不知道，都彭也制造汽车。常常摸索新的增长。

那之后都彭，也一边对应时代的变化，一边继续向有成长性的某些事业投资，现在作为合成纤维和合成树脂、农药、涂料等世界第三位的化学制造商，赢得了很高的竞争力。

Johnson & Johnson（强生）也是一样的，1886年创业时从护创膏和绷带、消炎膏药等医疗消耗品开始，现在向隐形镜片、医疗机器、保健领域等多元化发展，并在持续扩大中。虽然事业内容发生了很大的变化，不断更迭，但是强生一直作为优秀的公司持续被世界瞩目。

两个公司，同时顺应时代变迁的事业内容，也就是说一边灵动变化地创造价值，一边实现持续的安定经营。不是只固执于一个事业，而是让事业内容灵动地演变，可以说才能够实现持续长时间的存续及进化。

安索夫的矩阵

为了持续地安定增长，有必要探讨事业的多元化。这时有效的是，H·I·安索夫提出的“产品·市场矩阵”。

这个矩阵，是在事业扩大的方向性上分类为事业（产品）轴和市场轴的简单工具（见图10–2）。

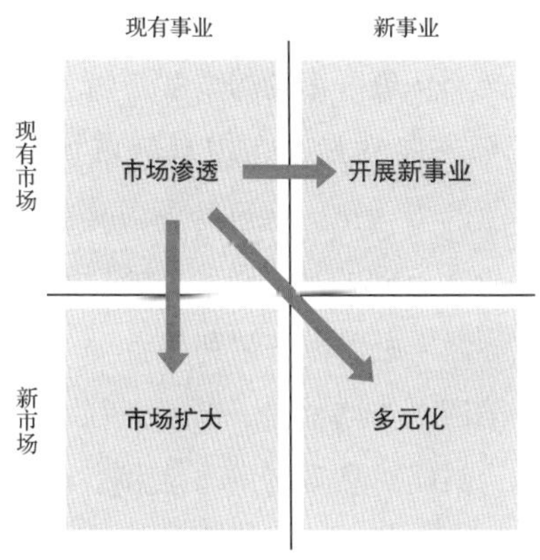

图10–2　安索夫的产品·市场矩阵

（资料来源）《企业经营入门》远藤功（日经文库）

现在正在做的事业，图形左上方的象限，即相当于现有市场及现有事业的部分。在考虑增长的时候，探讨以现在进行的事业，能不能更进一步以“深度挖掘”市场为出发点。在现有的市场及事业还有增长的余地，轻易地扑向其他的可能性不是一个上策。

第二个方向性是，在新市场开拓谋划“市场扩大”的战略。现有的事业和产品在新的市场展开的思考方法。虽说经营同样的事业，但在不同市场因为顾客的要求和交易习惯、制度等的不一样，所以必须从理解市场的角度开始。

第三个方向性是，在现有的市场展开新事业，即事业的多元化。像已经学习到的一样，因为各个事业有不同的事业特性，所以在现有事业构筑的优势性未必可以有效利用。

然后第四个方向性是，新事业在新市场展开的“飞地”战略。在现有的事业和市场完全变成无计可施的拮据情况下，也有这样的方向性，但伴随着很大的风险也是事实。

虽然这个矩阵很简单，但是在整理企业增长的方向性，探讨的时候非常有效。不仅仅是增长的可能性，在思考事业间的共通性和协同作用时，检讨最适合的事业组合才是最重要的。

PPM的思想方法

在思考多元化战略时其中一个有效的模型框架，是产品组合管理（PPM）。这是波士顿咨询集团为了探讨多元化企业经营的方向性而创造的。

拥有复数事业的企业，从资金流动的观点，产生资金的事业和必须投资的事业的组合，需要控制平衡好。这个平衡崩塌了的话，可能发生增长钝化、资金不足这种大问题。

多样的事业群PPM组合管理，是用市场增长率、相对市场占有率这两个轴，分类为“花冠事业”（Star又译为“明星”——译注）、“摇钱树”（Cash Cow又译为“现金母牛”或“金牛”——译注）、“问题儿童”（Question Mark）、“败犬”（Dog又译为“狗”或“失败者”——译注）这四个部分。根据这个，判断事业的组合是不是最适合的，能够采取切实的对策。为了增长的管理，可以说PPM组合管理是不可或缺的模型框架（见图10–3）。

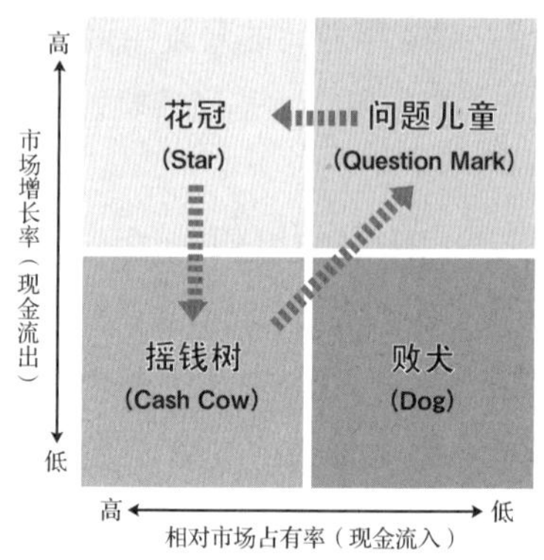

图10-3 BCG的PPM

（资料来源）《企业经营入门》远藤功（日经文库）

这个模型框架不仅在事业的组合，而且在思考某个事业内的产品组合的时候也能够适用。通过产品的 PPM 组合管理，关联到担负着企业未来新产品的寻求以及开发提前进行等的对策。

不仅只是 PPM 组合管理，而且这些模型框架根据数值数据，定量的进行是必不可少的。没有数据的确证，经常能够看到根据个人感觉的 PPM 组合管理，那样的使用方法不仅是错误的，而且可能导致判断失误。

案例研究10

在“安全·安心”领域持续多元化的 Secom（西科姆）

说到警备公司的话，谁都会联想到西科姆，在这个领域，西科姆有很高的认知度和值得自豪的实绩。

但是，西科姆绝不仅仅是警备公司。他们在“安全·安心”这个很大的范畴经营事业。

时间轴折回到创业期吧。西科姆于1962年，在日本作为第一个卖安全的公司诞生了。当时的公司名是日本警备保障有限公司。在日本还被认为是“水与安全不行”的时代，在只听得到一片“安全怎么能够成为生意”的嘲讽声中起航了。

踏实地努力经营有了成果的是东京奥林匹克的时候。因为被委托为对竞技设施和奥运村的警备，所以西科姆一口气提高了知名度。再加上，在以该公司为原型的电视剧《东京警备指令》的人气助推下，事业一举上了轨道。

但是，合同件数增加的话，职员必须连续不断地增加。人事费膨胀自不必说，也增加了服务质量下降的风险。

于是采取下一步的措施，向机械警备过渡。还是信息通信黎明期的1966年，西科姆做了一个很大的决断，在销售额和利润不断上升中逐次废止了人力的巡视警备，单位场所安装了警报装置，在各地区的控制中心提供远程监视服务而转换为机械警备。

以此为武器的西科姆，早期开始向海外展开，更进一步从1981年，开始推出面向家庭的警备服务"Home Security（家庭安保——译注）"。

真正让西科姆启动"多元化战略"的是，从1983年前后公司名改为Secom（西科姆）。年号变为平成的1989年进行了"社会系统宣言"，发表了在安全及保障领域培育的网络（Net Working）系统，准备好在接下来的新文明社会的构建中起到作用。在这个时候确定了自己的范畴，"做能够让人们安全·安心的社会生活的基础事业领域"

这样的定位。

多元化战略的其中一项，有医疗关联事业。虽然对于西科姆来说，是“非本专业”的事业，但考虑到家庭的危险时，危害健康、因老龄化日常生活中也出现了障碍，人们背负着更大的风险。

高级老人敬老院的经营也是同样的。为晚年提供丰富、能安心生活的服务，对西科姆来说是必然的。此外，监狱的经营和看护机器人的开发，遭受损伤，事后的精心照顾以及损伤保险事业等，在自己的范畴里，挑战多样的事业。

在战略层面重要的是，这些新事业和警备正业密不可分的联动，产生出很大的协同效应这点。例如，面向家庭安全保障顾客的援助家务事和上门护理，提供在家医疗的服务，在汽车保险事故发生时提供叫做BE（Beat Engineer安全巡检工程师——译注）的警备人员急忙赶到的服务等，常常看清与本业的协同效应。不是胡乱地扩展新事业，而是沿着“周边事业强化本业”的思想方法，进行多元化。

另一个值得重视的是，设立新事业的时候，在那个领域“我们还是外行”的认识下，慢慢地花时间积累专业技能，承袭珍惜培育的做法这一点。认识事业特性的不同，一边学习一边展开探寻。

例如，收购医疗关联事业美国HCA（Hospital Corporation of America）医院经营公司的急救医疗服务部门等，积累事业的专业技能。另外，在国内从早期与大学医院共同进行在家自我保健系统的网络化，和关于在家医疗应有状态的研究。在1992年又积极介入对破闭医院的经营再建，大的目的是积累医疗现场的技术诀窍。

事业特性不同，因为没有专业技能，所以从很小开始，一步一步学习。然后，在准备到无懈可击的时候大出击。大胆而又细心。这里面有西科姆增长战略的特征。

目前，西科姆的综合销售收入里面，警备关联事业只不过大约60%。创业大约50年，“冒险之魂”这个独自的DNA（基因），确实是该公司多元化战略中继承下来的（见图10-4）。

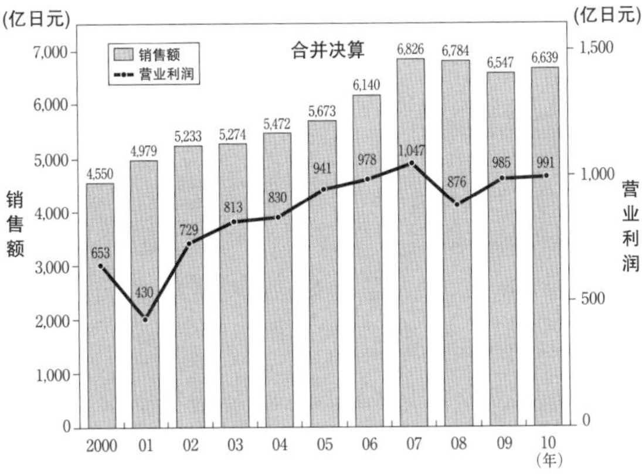

图10-4 西科姆(Secom)的销售额·营业利润演变

(资料来源)出自SPEEDA

讲义10译评

应该说，经营者更在乎“增长”，而非经营战略。因为“增长”才是经营者最根本的责任。这一讲，如何认识与把握增长。

追求增长的必由之路，就是要常常挑战新的商业机会。挑战就会有风险，所以，“必须一边极小化风险，一边摸索增长”。因此，增长的基本思考，是追求“安定增长”，即“缓缓地、可持续地增长，在增长过程中抑制最小限度的弊害出现”。但并不是要否定“急速增长”。因为顺应时代潮流、趋势能加速企业发展，只不过急速增长容易给经营带来风险和弊害。其实，无论是“安定增长”还是“急速增长”，关键点在于增长的根本原因以及增长是否可持续。一定要清楚，飞升中的自己是被台风吹起的猪，还是借风势展翅九万里的鲲鹏。

但是，由于任何事业都有“寿命”，所以增长总有“大限”。虽然没有永续增长的事业，然而作为企业，则必须持久地存续下去——这就是“事业有寿命，企业要长青”的矛盾。解决这个矛盾的办法，则是看清事业寿命，挑战新的事业，及时更换事业。如都彭、强生等著名企业，之所以能够以百年为单位持续长时间辉煌，原因就在不断重组事业、完成好的业绩；虽然事业内容更迭、变化天翻地覆，但却持续作为优秀的公司令世界瞩目——通过灵动演变事业内容不断创造价值，实现了持续百年的安定经营。

由此可以得到重要启示：(1) 所谓“永续经营”是可能的，但，是指公司，而非事业（业务、项目），更不是产品。(2) 事业“聚焦”一段历史时期之后，为了持续地安定增长，“多元化”是必然选择。(3)“灵动地演变”方能“安定地增长”。（辩证法！）

“案例研究 10”西科姆的多元化实践，具有典范般的指导意义：

（一）“惯做第一”敢为先——从 1962 年作为日本第一个卖安全的公司诞生以来，其发展一直立足于“做最先”“做最早”“做第一”。

（二）“一以贯之”多元化——1983 年启动多元化战略，确定了“做能够让人们安全·安心的社会生活的基础事业领域”的核心定位。这是一个“多元统一”的经营战略，是一个很大的“1”。于是开始“在自己的范畴里，挑战多样的事业”。

（三）“高度相关”多元化——表面看，西科姆的事业种类繁多、眼花缭乱，但在战略层面却都具有高度相关性：(1)定位相关：新事业都在“让人们安定安心的社会生活基础事业”那个“1”的范畴内。(2) 主业相关：新事业和警备正业均可密切联动、产生协同效应。

（四）“众星捧月”多元化——在西科姆综合销售收入里，警备关联事业占60%。不是胡乱扩展新事业，而是沿着“周边事业强化本业”的思想方法进行多元化。

（五）“虚心大胆”多元化——设立新事业时，花时间积累专业技能，“从很小开始，一步一步学习；然后，在准备到无懈可击的时候，大出击”。

“惯做第一、一以贯之、高度相关、众星捧月、虚心大胆”是西科姆增长战略的特征，也是所有增长应该遵循的“原则”吧！

讲义11

企业收购与经营战略

近年，即便是日本企业，作为让公司增长的手段，M&A（企业收购）也变得稀松平常地进行。以前是，不管任何事业都以自己的力量从零成立，“自足主义”是主流，但世界经济潮流给予日本企业应有的经营状态很大影响。

虽然“自足主义”本身并没有错，但是快速获得新的技术，为了在多种多样的全球化市场迅速地对应，也不能全部花时间埋头地努力。市场机会和竞争对手不等你。

在讲义 11 里，制定经营战略的时候，一起来思考企业收购（M&A）这个手段拥有怎样的意义。

最大的好处是“购买时间”

在一心做新事业的时候，最大的问题点是“花时间”。虽然不是没有自己的资源和技术，但无论如何都想要快点取得成果。有那样想法的话，从那个领域已经取得了一定业绩的现有企业、购买事业也是一种办法。被收购方拥有的品牌和销售网络、广泛的顾客群、优秀的技术能力、专业技能等能够一口气获得。M&A 最大的优点正是在这里，“购买时间”。

正在推进的显著例子是，麒麟啤酒和三得利等食品公司。他们现在，积极地在海外展开 M&A 战略。

例如，麒麟啤酒在 2007 年收购澳大利亚乳业的最大企业国际食品（National Foods），接着第二年，2008 年该国第二位的农夫乳业（Dairy Farmers）也被收入旗下（见图 11-1）。

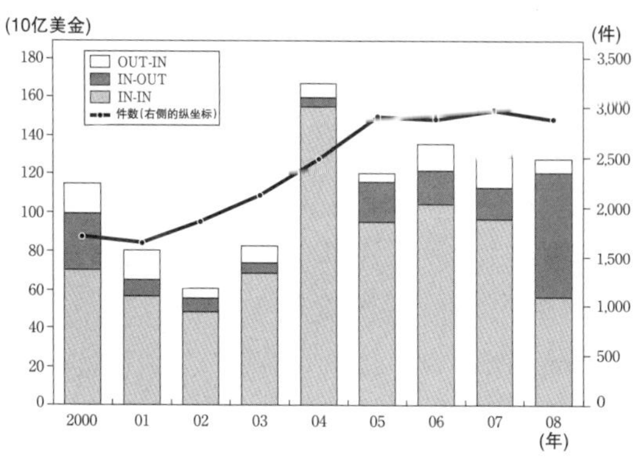

（注）2008年度的件数·金额都是9月末的数值换算成美元的年度换算值

图11-1 M&A的件数演变

（资料）Thomson Reuters

（资料来源）转载瑞穗综合研究所 2008年12月

因为此举，该公司在澳大利亚的乳制品一下子占到了第一位。

这事的背后因素是，嗜好性高（口味习惯依赖度高——译注）的食品企业才有的海外展开的难处。开发能够被味觉不同的、海外市场消费者接受的商品非常花时间。也许还在市场调查和研究、开发之中，机会已经离你远去了。

与之相比较，还是收购精通当地情况的本土食品制造商，以其拥有的商品和能力为基础开始，比较有效率。因为开始的地点就在他们那边，所以海外的生意能够比较顺利地、迅速地推进下去。

另一方面，为什么说日本的汽车公司对 M&A 是消极的，因为汽车这个行业不像食品那样，受地域嗜好性不同的影响不是很大。在日本开发，即使制造了出口，在海外市场也能够完全被接受。那样的话，与其对 M&A 出手，不如专心磨炼自己公司的技术和产品开发能力才是上策。

M&A 最终只不过是“手段”。在实现经营战略的时候，判断有效果的话，能够活用那个“手段”是可以的。M&A 并不是“目的”。不是“收购”而是根据“战略”的出发点，探讨企业收购（M&A）才是最重要的。

PMI的重要性

只要有资金的话，就能够购买企业和事业。问题在那之后。成长历程和组织运营规则、企业的文化习性，因为这些全部不同的公司收入旗下，所以收购后的运营有很多辛苦至极的情况。

例如，虽然普利司通在1988年收购美国第二位的轮胎制造商凡士通（Fire Stone）（又译火石——译注），那之后经营不善，尝到了很大的苦头。两个公司各自拥有常年培育起来的独自的做法。普利司通强行将自己公司的做法硬加于人，被凡士通反复抵抗。

对立内斗长期化，一时被说成是“收购失败了。凡士通变成了普利司通的包袱”。虽然现在已经稳定，收购的成果也开始出现了，但对M&A之难有了重新的认识。

当时，决断收购的家入昭社长之后这样追述往事，“美国人啊，收购后对方即刻乘虚进入布局，全部变掉了，但是我们公司没有足以应对的专门知识。各职务因为是日本人，弥补之力也没有”。

这并不是只限于日本企业。例如，德国的戴姆勒也因为收购美国的克莱斯勒遭到大败。虽然戴姆勒想要“移植”德国的做法给克莱斯勒，但进展不顺，结果，陷入撤回的窘况。

在探讨 M&A 的时候，不仅是与经营战略的整合性，而且收购后组织怎样统一下去，有必要事先明确方针和方法论。谋求业务的统一和组织及文化习性的融合等，构筑对策措施的过程叫做“PMI（Post Merger Integration）（合并后整合或岗位合并融入——译注）”。拥有 PMI 经验及技能的企业，能够有效地推进 M&A。PMI 的巧拙，给企业的发展及增长很大影响。

因M&A的企业变革

最近，因为 M&A 使企业本身的应有状态被改变，这样的事情也发生了。那些事例的其中一个是，在 2006 年日本板硝子收购英国的皮尔金顿（Pilkingdton）公司。

日本板硝子下定决心 M&A 的最大理由是，海外战略的起步晚。玻璃在全世界被使用，其用途也多种多样。国内的竞争对手旭硝子，迅速抓住需求，让海外的销售网络扩大。但是，日本板硝子的订货方大半是日本制造商，海外战略没有如想象中的进展。

于是日本板硝子，特别想要收购在汽车公司领域玻璃强项的企业，皮尔金顿被特别选中了。一口气获得国际的生产能力和销售网络这么一个经营战略。

这个收购剧，高达30亿英镑（约6160亿日元）的大型收购，还有因为世界占有率第六位的日本板硝子收购第三位的皮尔金顿“小吞大”的M&A，吸引了很大的关注。

更进一步在2008年，日本板硝子的社长提拔皮尔金顿的总经理斯图尔特·钱伯斯（Stuart Chambers）当社长。被收购方的领导人，成为收购方的最高领导人，因为这个破例的人事，让周围非常震惊。

这个大经营判断的背景是，“扩大海外事业并使其成功”这么一个经营战略。为了实现这个经营战略，不在乎国籍而让最熟悉海外事业的人坐这个领导人的位置。日本板硝子如此英明决断，选择从“以国内为中心向内的公司”向“真正的全球化公司”变身的道路。

也就是说，日本板硝子收购皮尔金顿，不单是为了弥补弱点、补充不足，而是为了向真正的全球化企业跃变。

通过M&A从日本向世界转移重心轴，一口气瞄准世界第一。这些出色地完成“神奇绝技”的公司，在日本也开始出现了。预计M&A今后越来越掌握着日本企业的命运，处于重要的经营战略支柱的位置。

案例研究11

持续运转M＆A战略的日本电产

“以马达称霸世界！”

永守重信社长率领日本电产在这个愿景下，1984年以来到现在进行了大约30起的M&A，坚持将这样的成长路线继续下去。

在国内符合M&A特征的是，拥有独自高技术的赤字企业，或者是着眼于部门，以“短期再生”为目标。并且不是进行像“外科手术”一样的“砍掉赤字事业、削减从业人员”，而是采取接近“自然治愈”的方法，“事业和人员都不砍掉而让本来的企业活力复活”。这是根据永守社长经营哲学的信念，“业绩恶化是因为从业人员的心灵生病了，经营者只要点燃他们的上进心的话，一定会产生出利润”。

具体来说，让收购对象的公司员工彻底意识到“赤字是罪恶”，追求主动积极的努力工作。虽然收购当初也有抵抗，但多数情况是用一两年处理损失，业绩起来了的话，员工的意识就能从根本上开始改变。

实际上，1989年的信浓特机，1997年的东测公司（Tosok），1998年的科宝电子（Copal），2003~2004年的三协精机制作所，2007年的日本伺服电机（Servo）等，不断收购的企业，许多通过再生恢复了刷新最高收益的势头。

另一方面，关于以欧美为中心的海外企业M&A议案，贯彻“对赤字企业不出手”的方针。因为生活形态、习惯、文化有很大的不同，所以预想到收购后的组织运营进展不顺利的情况。

还有，关于M&A的对象企业，极尽战略的、合理的甄选。

以小型精密马达为本业的日本电产，将自己的“决战场地”锁定在“转动的东西，发动的东西”上。被收购方在这两个轴分类，瞄准“决战场地”的扩大。垂直方向是马达的种类和类型，水平方向是看准汽车、计算机及PC关联，生产企业用及家电用等其他用途，在“决战场地”里进行战略性的收购（见图11-2）。

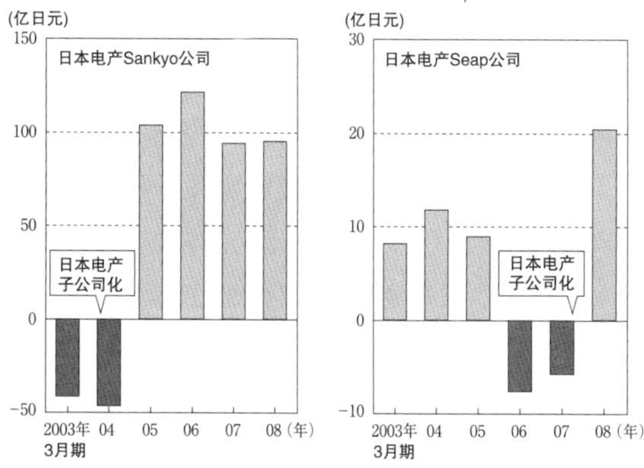

图11-2　日本电产集团2公司营业盈亏演变

（资料来源）转载《日经商业》2009年1月19日号　第46页

虽然以这样多的 M&A 持续成长起来的日本电产，也会看到不理想的阴暗形势。因雷曼冲击动荡的 2008 年，东洋电机制造和富士电机马达，两个公司接连收购失败。

再加上，本业的收益急速恶化，也不得不修正“2011 年 3 月期达成销售额 1 兆日元”的目标。这个时候，永守社长解释道，“攀登到 4 千米的时候风暴来了。就这样硬要攀登的话，就像为了去死而攀登一样。这里暂且下到空气好的地方重整旗鼓”。

于是，为了度过危机提出了“DPR（Double

Profit Ratio）”（双倍利润率——译注），按照这个独自的手法改革。用一句话概括的话，“即使销售额变成一半，也要铸成能产生黑字的企业特质”。

彻底厘清在集团能够内制化的东西，为废除加班时间而检讨会议是否必要，实施减薪，实行成本削减与作业效率化结合的结构改革。

其结果，虽然2011年3月期比雷曼冲击前销售额掉了接近1600亿日元，但是最终利润却反而增加了近百亿日元，打破了520亿日元的历史最高利润纪录。

同时，在2010年8月，历史以来最大规模的大型收购案、美国电机巨头艾默生电气（Emerson Electric）的马达事业部门（EMC）收购成功。EMC对经营马达事业的日本电产来说，是跨越10年的“恋人”。最初提出要收购的时候，被嗤之以鼻地说“卖也不是不可以，但攒的钱够吗？”。

即使那样，永守社长也没有放弃。当成长为有900亿日元营业流动资金的企业，发挥那充裕的资金实力自不待言。

为什么日本电产想要拿到EMC呢？那是因为，产品种类的扩充和海外网络的强化一箭双雕。日本电产在HDD（硬盘驱动器——译注）用精密小型马达世界市场傲居75%份额的压倒性优势，车载用等的中型马达也在急速扩大。但是，大型马达没有涉足，中型的家电用马达也开展迟缓。

EMC拥有的客户是美国的白色家电巨头惠而浦（Whirlpoor），在家电用马达市场份额很高，也拓展水道系统用等的大型马达。另外，在日本电产力量薄弱的英国和印度有工厂，在美国也有研究开发据点。

现在，常年“单相思之恋”有了成果的日本电产，2012年度达成推后的销售额1兆日元的目标，瞄准了更大的M&A。预计在电动汽车等新的增长领域的M&A。

因日元上涨，在日本企业的收购余力高涨的形势下，普遍认为像日本电产一样利用M&A杠杆想要强化竞争力的态势，将会加速下去。

讲义11译评

上一讲中解说了“增长”的要点，紧接着在这一讲指出一种“高效增长”的手段——企业收购（M&A）。

简单说，有两种增长：直接增长和间接增长。直接增长靠自己，间接增长靠他人。全靠自己做新事业，最大的问题是“花时间”，虽有资源和技术，但市场机会和竞争对手可能不等你；企业收购最大的优点正是在“购买时间”——直接购买该领域已经取得一定成绩的企业或事业。

只要有钱，收购不难。难在收购之后。因成长历程、组织方式、运营规则和文化习性相异，收购后的运营大多会出现辛苦的局面。

所以，要使“企业收购”的战略达到较好成效，必须先考虑收购之后，后考虑收购本身。

同时，企业收购只不过是手段，而不是目的。所以，要根据战略意图，活用“企业收购”这个武器——比如日本玻璃制造商板硝子，因海外发展的需要，特别想要“一口气获得国际的生产能力和销售网络”，于是，上演了一出大手笔的蛇吞象，收购英国的皮尔金顿，收购后两年，又让皮尔金顿的总经理当社长，被收购方的领导人，成了收购方的最高领导——这种“前无古人”的做法，实是一个英明决断。板硝子的经营战略就是“扩大海外事业并使其成功”。为了实现这个战略，让最熟悉海外事业的人坐领导位置，才是最合理的抉择。向真正的全球化企业跃变——通过从日本向世界转移重心轴，一口气瞄准世界第一。在这里，“企业收购”担当了经营战略支柱的位置。

在“案例研究11”中，日本电产为何对“企业收购”如此情有独钟、乐此不疲？根源在于其经营战略为：“以马达称霸世界，以企业收购为主要实现手段，坚持这样的成长路线继续下去。”为此，一套“战略收购思想”，确保了不凡表现：

（一）国内收购，恪守“机会最大化”原则——被收购对象必须符合“有能力、不盈利”的条件。

（二）海外收购，恪守“风险最小化”原则——对收购对象必须坚持“不盈利、不出手”。已经提前顾及“收购之后”的情况。

（三）将决战场地锁定在“转动的东西，发动的东西”上——在马达领域进行战略性收购，以达成“决战场地扩大，而竞争力加强”的局面。

（四）对业界豪门巨头，只要经营战略需要，也敢于“攀龙附凤”提出收购要求——无论有多少障碍、受多大屈辱、等多长时间，都痴心不改——10 年矢志不移，成功收购美国电机巨头艾默生的马达事业部 EMC，让日本电产在“产品种类的扩充和海外网络的强化上一箭双雕”。这给“以马达称霸世界”的战略愿景，平添一股强大“霸气”。

在此透露出一种战略思想：“企业收购”是一个巨大杠杆——不仅是高效增长的手段，也是强力竞争的手段！

讲义12

在现场起点制定经营战略

经营战略，是弄清“自己公司创造出的特定价值”，已经在讲义 1 里学过了。企业活动，是价值创造活动。

那么，应该怎样选出自己公司创造的价值，怎么决定的话才好呢？弄清特定价值的观念和探寻方法并不是一样的。

在讲义 12 里，关于应该怎么做才能够发现创造的价值，一起来思考看看吧。

怎样发现经营战略的“芽”

弄清自己应该创造出的特定价值、找出经营战略的“芽”，最正统的观点是，关注“顾客的不满”。顾客抱有潜在的、实际存在的不满，即抓住“需求”，解除不满、弄清特定价值。

请回想一下在“案例研究 9”介绍过的爱速客乐（Askul）的事例。他们关注对现在的服务抱有不满的中小事业体，为了解除那个不满，以直销模式这一独自的价值创造成功了。

还有一个观点是，善用新的技术结合新的价值创造的方法。因为革新的技术诞生，所以能够创造出到目前为止没有的价值这种“起源”主导的想法。在混合动力型的汽车和生物学的领域，作为典型的例子被列举。

关注现场

这些需求导向、起源导向的探寻方法，再加上作为有效的第三个观点是，关注企业的“现场”。

说到现场，虽然有“担负战略执行的地方”和地位限制的倾向，但现场的作用绝对不仅仅如此而已。特别是，日本企业的情况，在现场的员工们不单是做完被分配的工作，而且获取各种各样的“察觉”“顾客希望这样的东西”“这样做的话，顾客一定会很高兴”等。

也就是说，在每天完成的事务中，现场的员工们关系到新的价值创造，揪着经营战略的“芽”。确实，也可以说“经营战略的‘芽’在现场”。

例如，在“案例研究1”里学到的小松的

“KOMTRAX”，可以说是典型的例子。在售后服务的现场为了解决“防盗”的问题，注意到了GPS 技术。

但是，其有效利用没有只停留在“防盗”。也能够如此这般地使用、如此这般也能创造出价值的话其应用范围渐渐扩大，与“KOMTRAX”这个独自的差异化结合起来。

产品开发的现场，制造的现场，营业的现场，售后服务的现场……在各种各样的现场进行的日常活动中，潜藏着新的经营战略的“芽”。

归纳法的探究方法

归纳法的意思是“从观察到的个别事例中，找出普适的解答的方法论”。从经营战略的观点简明易懂地说的话，就是“在现场发生的问题，和观察现场的状况注意到的、感受到的等提示，组合构成作为假设的经营战略”。这就是“现场起点的战略制定”。

日本企业运用这个“归纳法的探究方法”制定经营战略非常得心应手。彼得·德鲁克指出的“Knowledge worker”（知识劳动者）在现场，可以说是日本企业的一个优势。

欧美许多企业的探究方法，完全不一样。一般采取的是，本公司优秀的相关人员收集各种各样的信息和数据，进行分析，研究推敲作为推论的经营战略，然后落到现场下去实行的“演绎法的探究方法”。

日美的这个差异，是因为在经营方面对现场的地位的定义各不相同。美国是“经营战略是由本公司一部分优秀的相关人员制定的，现场就按照那样实行”这么一种经营风格；但日本拿手的是“本公司和现场成为一体、制定经营战略，进行实行”。

在日本企业擅长的“归纳法的探究方法”中，经营者和战略制定人员与现场的“距离感”是非常重要的要点。不想离开公司的桌子，即使完成再多的资讯收集和数据分析，也抓不住能够成为经营战略的“芽”的活信息。“现地现物”的实践，在现场找到的提示启发，连接着独自的价值创造。

战略存在于细节

和在现场起点思考经营战略同样，提炼出的经营战略“如何在现场将具体的优势性构筑落实下去”这样一个观点也很要紧。不管起点在哪里，经营战略本身只不过是“桌子上”的东西。

在现场展开战略，创造出可见的独自价值，必须实现与其他公司的差异化。在现场落实到产品和服务、每天的日常工作，经营战略才拥有实质的意义。

经营战略是“存在于细节”的企业活动。在产品开发方面稍微一点点的用心，对顾客细致入微的服务等，对顾客表现出具体的价值时，经营战略就能够实现。

例如，在“案例研究 9”里介绍过的 Askul（爱速客乐），标榜“为顾客而进化”。所以 Askul 的经营战略是，邮购这种商业模式的关键，可以称得上就在“商品目录”的品质表现上。顾客使用起来称手的、出色的商品目录是什么，怎样做的话顾客愿意拿起商品目录等，彻底研究顾客的视线，找窍门。的确 Askul 的经营战略“存在于商品目录”。

稍微一点点的不同、稍微一点点的用心，实际上带来的是绝对的差异。必须在“细节”上追求。不要让其在“纸上谈兵”后结束，而是让其反映在每天的工作细节的时候，经营战略就能够带来真正的价值。

好的经营战略，是充满泥土气味、汗臭味的。

案例研究12

以现场起点的战略
实现复活的旭山动物园

旭山动物园是在北海道旭山市日本最北端的小市立动物园。数年前“奇迹的再生”引起话题沸腾，在大众媒体上被到处报道，那个复活的故事还拍成了电影和电视剧。

这个旭山动物园成功的要因，用经营战略的观点来思考的话，“从园长以下各位饲养员为中心的现场视角，思考如何让动物们的姿态生气勃勃，给来园者带来欢乐，进行实行”。那里，隐藏着组织的活性化、有益于成功的普遍要点。

虽说是“奇迹的再生”，但正如已知的那样，旭山动物园在1983年60万人纪录以后，来园者渐渐减少下去。更进一步在1994年，人气动物低地大猩猩Gonta和轮尾狐猿Mei因感染棘球绦虫症（Echinococcus）结果死亡了，陷入不得不闭园的巨大危急局面。那之后风传受到重创的影响持续延长，在1996年入园人数下降到开园以来最低的26万人（见图12-1）。

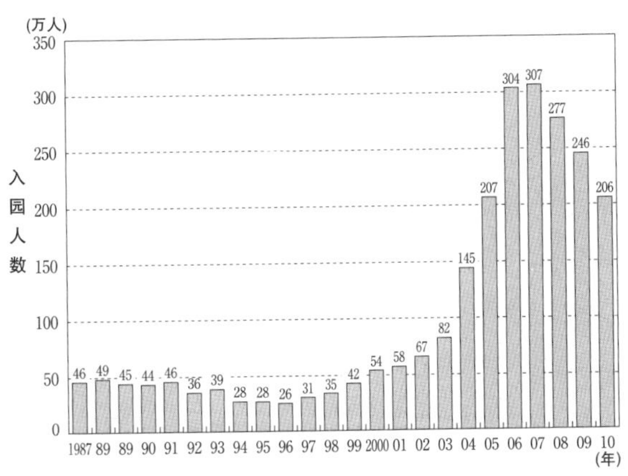

图12-1　旭山动物园入园人数演变

（资料来源）《旭山动物园H·P》的数据作成

在私下议论将要废园的风言风语中，园长和各位饲养员，在现场主动开始想办法，“还没有很好地传达动物们的魅力，绝不会让这个动物园垮掉”！

这个时候，成为他们现场创造力源泉的是，在旭山动物园“冬之时代”的正中央有1989年画的“14张素描写生”。于是，饲养员们日复一日忘我地热烈讨论“理想动物园的景象”，并将其落实为可见的图形。

在那之前的许多动物园，是依靠熊猫和树袋熊等“明星动物”经营。然而，旭山动物园没有买那些动物的钱，也没有钱付高昂的饲养费。但是，他们有“想要做这样的动物园”独自的强烈愿望。

“总有一天，想要做这样的动物园”这个他们的梦想，突破了动物园的常识“形态展示”的模式结构。“自己每天接触到动物们行动的姿态，希望看到它们闪耀着生命的行为”这种现场的想法，创造了“行动展示”这个新的价值。

从经营战略这个观点来把握旭山动物园的话，从那之前在“动物的种类”上的差异化这种一般的想法，创造出在“动物看的方式”上的差异化，这个独自的战略有很大的意义。正是现场起点的战略，带来了向独特动物园的变身。

现场起点的素描画打动了市长和行政部门，获得了希望的预算的旭山动物园，以 1997 年兔子和鸭子、土拨鼠、山羊、矮马等能够直接接触的广场“儿童牧场”的开张为开端，不断地将“素描”变成现实的东西。

那之后，老虎、狮子及豹子们能够在接近自

然的生息环境中生活的“猛兽馆”，能够从隧道观察在水中游来游去的企鹅的“企鹅馆”，能够眺望好奇心旺盛的海豹往来于圆柱形水槽的身姿的“海豹馆”……不管哪个设施，都能够看到动物们像返回野生一样的生气勃勃行动的样子，旭山动物园博得了好评。

这样旭山动物园证明了，即使没有“明星动物”，即使一看都是哪里的动物园都有的常见动物，只要在“看的方式”上动脑筋的话，也能够充分成为魅力十足的好去处。

根据现场的饲养员为了“发挥动物本来的魅力”产生的创意，以这种现场起点的经营战略为支柱的旭山动物园，脱胎换骨成为全国的人气动物园。在2006年，来园的人数年间超过300万，与上野动物园并驾齐驱。

讲义12译评

经营战略简单说就是“弄清自己公司创造的特定价值”。这一讲重点指出“应该怎么做才能够发现应该创造的特定价值”。

从三个导向入手:(1)需求导向——关注顾客的不满,解除不满即是抓住需求、弄清特定价值。(2)起源导向——善用新技术,创造出到目前为止没有的价值。(3)现场导向——企业的“现场”绝不仅仅是“担负战略执行的地方”,“经营战略的‘芽’在现场”。

运用两种方法:“归纳法”和“演绎法”。日本企业运用“归纳法”制定经营战略得心应手,因为日本企业有一个优势,就是在现场工作的是“知识劳动者”,所以善于“现场起点的战略制定”。反之,欧美企业习惯采取“演绎法”。二者的差异,实质是文化特性、思维习惯的差异,各有千秋。“归纳法”抓地力好、实行效率高、修正灵活;“演绎法”则更具宏观性、结构性,格局较大。

所以对日式思维观念而言,“现场”就特别重要，需要特别关注。要“归纳”，就要直接抓到更多的“芽”，“现地现物”的启发越多，独自的价值创造就会越多；同时，战略的起点在那里，落点也在那里。

产品和服务、每天的日常工作，必须在“现场”实现与其他公司的差异化，才能创造出“可见”的独自价值，经营战略才拥有实质的意义。于是，作者做出了这样的论断：“经营战略是‘存在于细节’的企业活动”“稍微一点点的不同、稍微一点点的用心，实际上带来的是绝对的差异”。真正是“活”在当下的东方思维特征。

“案例研究 12”中旭山动物园的复活传奇，充分显示了日本企业“知识劳动者在现场”的伟力！

在组织面临巨大危机的时刻，园长和饲养员共同发愿“还没有很好地传达动物们的魅力，绝不会让这个动物园垮掉”！一般动物园都是依靠“明星动物”经营，然而，旭山动物园没有钱，只有一看哪里都有的普通动物。怎么办？

饲养员们忘我地在现场想办法。他们没有明星动物，却有着独自的强烈体验和愿望：“自己每天接触到动物们行动的姿态，希望看到它们闪耀着生命的行为”“希望做这样的动物园！”——这种现场的想法，创造出了“行动展示”这个新的价值，突破了一般动物园“形态展示”的模式结构；从之前在“动物的种类”上的差异化，创造出在“动物看的方式”上的差异化；从“物种认知体验”向“物种生命力体验”升级——经营战略的升级，把“普通动物”的价值大大“激活”了。

正是“现场起点”的战略，造就了一个小动物园的神话。

讲义13

创业与经营战略

经营是从愿开始的，这个已经在讲义 2 讲过了。愿是经营者的“愿望”，想要实现的梦想。在那个愿下面制定的是，经营的“脊柱”经营战略。

关键字是“Why”和“What”。明确为什么——“这个公司为了什么而存在”是愿；明确做什么——“创造出什么样的价值”是经营战略。

在各位当中，也有“将来，想要创业”的人吧。在企业方面比什么都要紧的是，经营者自身“想要成为这样”的愿望和梦想。所有的企业都是从创业者的强烈愿望开始的。

在讲义 13 里，一起来学习关于在创业方面愿与经营战略的关系。

创业的引擎是“愿望”

到目前为止我和许多的企业家相遇，一直相互支持到现在，但创业失败的很多原因，说实在的并不是经营战略，而是没有明确“为什么开公司”，“以创业的形式达到什么目的”这些愿。“无论如何，也要达成”的激情不足，是最大的原因。

年轻的经营者，市场调查和竞争对手的数据等，各种各样的资料全部集齐，起草自己的经营战略，来向我咨询“想要在这个行业开公司”的事，我问“真的想要做？”，虽然回答“真的想要做”，但几乎所有的情况都会感觉到“一定会进展得不顺利吧”。

为什么会这样呢？

真的有“想要做这个，即使面对什么样的困难，也一定会跨过，想要实现自己的梦想”的这种激情的话，也会珍惜向人咨询的时间，总之我认为起心动念即是本来面目。强烈的愿和激情也没有，就想仅仅靠摆弄经营战略，开公司什么的，要我说的话，只不过是“玩创业游戏”“玩投机游戏”。

从零开始的创业，就好比是“无”中生“有”。那个历程极其困难。如果没有明确的愿和强烈的激情的话，轻易受挫是显而易见的。对于缺乏人、物及资金这些经营资源而冒险行动的企业来说，最大的资产是不惜一切赌在事业上不输任何人的愿心，除了激情以外没有其他的了。

所以，从创业最初的时候就面临高调标榜经营战略的压力，以理性的战略主导进行事业不能说是上策。至少从成立后几年，也就是说在从“0”到创造出“1”的过程中，只需仅凭经营者的愿望奋勇前进比较好。即使被周围的人指责“不可能进展顺利”，经营者也要相信自己，突破逆风。这才是创业的原点。

本田宗一郎创业没多久的时候，豪言要出场当时的摩托最高峰英属开曼群岛的竞赛并夺冠。本田先生发言时，耳朵只听得到周围的“常识人们”说“吹大牛”。

然而，本田5年后实现开曼群岛的初次参赛，又2年后获得首次优胜的荣誉。对自己的梦想没有强烈的激情的话，就不可能完成这样的奇迹吧。本田向被世界认可的两轮制造商发展的引擎，正是经营者本田先生的愿望。

从“1”培育到“100”经营战略不可少

即便因为经营者的愿望和行动从“0”创造出“1”成功了，从“1”那里企业要发展到“100”，因为要让其得到成长，所以仅凭愿望猛跑是行不通的。在这个阶段，需要有理据的经营战略。成长到“1”的事业，接下来让它怎样继续成长下去，的确关乎经营战略的质量。

今后在哪个市场卖，今后哪个产品打主力，今后采取什么样的销售方式等，为了实现成长，必须明确的要点不断开始出现。

在事业的扩大期，从各种各样的选项中，最合理地选择事业战略是必不可少的。如果没有理性探讨的话，在经营资源方面绝对说不上是充裕的冒险企业，想从“1”培育到“100”是不可能的。

也就是说，在从“0”做到“1”的阶段，可以凭经营者的“想要做这个”的愿望奋勇前进。但是，到思考从“1”成长到“100”这个阶段的话，得靠基于冷静客观的分析及判断探讨制定合理的经营战略才行。从重视愿望和行动的阶段，向理性和规划的构筑转移，事业得以飞跃。

经营战略的“热量”

在从“1”向“100”成长的时候，虽然合理的经营战略不可少，但在这里必须要注意一个陷阱。那就是，不要太过于偏重信息和分析，它们乍一看是客观的，实际上变成了没有包含真情的“冷冰”战略。

仅仅凭借一般的信息和分析，容易变成“纸上谈兵”。经营者的愿望被证实，必须以自己去市场获得的原始信息和现场的感受为参考，指向充满敏锐洞察与实事求是的思考的经营战略。

合理性是为了提高成功概率必要的要素。避免无谋之战，研究推敲获胜率高的经营战略，对于企业的成长是必不可缺的。

但是，即使在有表面的理论逻辑的情况下，如果那里没有“热量”的话也不可能成为真正的经营战略。“真正的想要做到哪种程度”这个“热量”的大小，在从“1”向“100”的过渡期是不可缺的要素。“主观”与“客观”混合，才能产生高质量的经营战略。

案例研究13

以经营者的“主观”勇往直前的 Mother-house（慈爱之家）

Mother-house（或译为“慈爱之家”——译注）是2006年山口绘里子成立的新兴企业。其理念是创造“来自发展中国家的品牌”。具体来说，在孟加拉国利用当地的素材黄麻生产手提包，在日本和中国台湾销售。

她在大学四年级的时候被面向南美的国际援助机构美洲开发银行作为实习生采用，去向往的华盛顿赴任。但是，在那里她看到了对发展中国家支援的现状，感受到很大的务虚徒劳。职员们最大的关心，是如何在组织内升职上去。

离开了美洲开发银行的她，在电脑的搜索页面输入“亚洲最贫困的国家”，像是被浮在画面上的“孟加拉国”的文字引诱，她飞向了孟加拉国。

在这个地方，山口女士看到的是极其贫困、

贿赂横行的社会。想到“不容许不公平公正。这个国家需要的不是援助，而是实现人人都能够自立的经济活动”，她开始摸索“自己有没有什么能够做的”。

就在那时，一边在达卡的研究生院上学，一边作为大型商贸公司当地法人工作的她，顺便在展览会上和黄麻这种素材相遇了。孟加拉国产的这种麻料，既坚固结实又透气性很高。她思量着孟加拉国特产的这种素材有没有什么能够做的。

然后，得出的结论是，“用这种黄麻，制作在先进国家也能卖、世界通用的高品质包包。将黄麻从在孟加拉国就是‘便宜、不好’的产品中脱离，制作成即使是在先进国家也能够被接受的高品质产品。这就是，引导这个国家的人们走向自立”的这种强烈的愿望。于是，她创立了Mother-house。

起初，事业是极其的艰难。黄麻的使用非常难，品质零散偏差极不稳定，连缝制一条绳子都做不到。把对品质绝不妥协的态度，贯彻给当地的工作人员也非常费劲。再加上，政局的不稳定，协作工厂的对立等，麻烦接连不断。所向障碍重重，当时是这样的一个状况。

但是山口女士，勇敢地挑战那些困难，一个

一个地战胜了。如果没有她的强烈愿望的话，无论如何也做不到吧。她的那种状态，令人想起了年轻时的本田宗一郎和松下幸之助迸发出的创业家的大愿与激情。

Mother-house 辛苦的结果是完成了设计和品质也能让日本人接受的包包，在 2007 年成功地让东急 Hands 和三越（均为东京高端百货公司——译注）订货。另外，在台东区入谷的直营一号店开张等，事业体量顺利扩大。

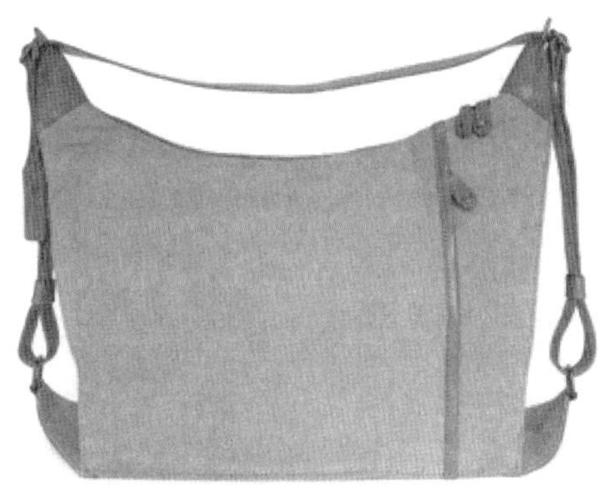

活用孟加拉国特产的黄麻——Mother-house的包包

Mother-house 现在在国内展开 7 家店铺，2010 年实现了向往的银座分店，并且开始在中国台湾销售。更进一步，生产地扩大到了尼泊尔。

这样 Mother-house，创业 5 年成长到“销售额 10 亿日元”的事业。山口女士以强烈的个人“主观”跨越困难，从“0”产生出了“1”。

现在，Mother-house 为了更进一步地持续成长，迎来了研究推敲经营战略的时期。今后，在哪个国家使用哪种素材展开商品，在日本怎样让销售扩张，怎样推进日本及中国台湾以外的海外市场发展。Mother-house 应收集各种各样的信息，进行分析之后，追求选择合理的经营战略。以从“1”到“100”为目标，获取真正的成功，现在正需要制定合乎道理的经营战略。

创业期，“决定了是这个的话，毫不犹豫勇往直前”非常紧要。但是，进入发展期的话，需从各种各样的角度思考合理的经营战略，实行下去。成功的创业，是经过这样的阶段诞生的。

讲义13译评

这一讲指出了创业时比经营战略还重要的是什么——“在企业方面比什么都要紧的是，经营者自身‘想要成为这样’的愿望和梦想”。

作者认为，对于经营资源贫乏的创业者来说，从零开始的创业历程极其困难，“最大的资产是不惜一切赌在事业上不输任何人的愿心，除了激情以外没有其他的了”。因此如果没有强烈的愿望与激情，很容易便受挫不振。所以“创业之初以理性的战略主导进行事业不能说是上策”，“至少从成立后几年，也就是说在从‘0’到创造出‘1’的过程中，只需凭经营者的愿望奋勇前进比较好，这才是创业的原点”。

在创业初期是否有经营战略是一回事，应不应该有经营战略又是另一回事。作者在这里的观点是明确的“不应该有”。以我个人愚见，创业初期同时兼具“强烈愿望”和“经营战略”不是更好吗？感性与理性的“合力”不是更大吗？两者并不是“顾此失彼”、水火不容的，而是完全可以“兼容”的，而且“愿心”与“战略”会相互交感、交替加强。

“愿心”是态度，如阳；“战略”是方法，如阴。孤阴不生、独阳不长；总要阴阳相济，方能百事顺遂；没有强烈的愿望，经营战略坚持不久，没有好的经营战略，再高的热情也要磨灭。所以，只有二者兼备，创业才可能最快进入佳境。另外，究竟如何判断创业已经做到了“1”，以便决定此刻需要经营战略，也很难准确确定。总之，经营战略若不能尽早出现，很多创业者恐怕等不到“1”出现的那一天！

经营战略在什么时候出场好呢？作者认为，经营者的愿望和行动从“0”创造出“1”后，企业要从“1”发展到“100”的阶段就需要有理据的经营战略了。但始终要在“冷冰”的战略上保持愿望与激情，即保持战略的“热量”——至此我们前述的“不同观点”不谋而合了：我的观点是“热量需要战略”，作者的观点是“战略需要热量”；作者说“‘主观’与‘客观’混合，产生高质量的经营战略”，我说“总要阴阳相济，方能百事顺遂”；总之都是“缺一不可”。只是我把这种观点的“适用期”提前到了从“0”到“1”的阶段而已。

山口绘里子基于大愿、大慈善而创建Mother-house的创业过程，令人感佩至深。但有两个地方需要特别说明：

（一）当山口女士决定，“创造‘来自发展中国家的品牌’，在孟加拉国利用当地‘便宜、不好’的黄麻生产制作在先进国家也能卖、世界通用的高品质手提包，在日本和中国台湾销售”时，作者认为这只是“强烈愿望”，而我认为这就是“战略构想”——创造价值的核心逻辑。（在此清楚了——关于创业之初是否需要经营战略，我与作者观点的不同，实质还是我们对“战略定义”内涵外延的不统一。）

（二）Mother-house创业5年后，作者才认为她以强烈的个人“主观”跨越了困难，从

“0”产生出了“1”。“现在，为了更进一步地持续成长，迎来了研究推敲经营战略的时期。”（曾有资料研究表明，中国倒闭的新事业或新企业，平均寿命大约是2.9年——呜呼！）

讲义14

经营战略的可行性

进行信息收集和分析，即使制定有理据的经营战略，实行起来，不能给顾客提供具体的价值的话，也完全没有意义。在制定经营战略的时候，对于可行性的顾及极其重要。

为了确保可行性，持有怎样的观点才好呢？在讲义 14 里，从“身量”和“适企性”这两个观点，一起来思考经营战略的可行性。

适合“身量”的经营战略

“以经营顺利的公司的经营战略为样板，我们公司也试着效仿。”

经营不顺的时候想要那样做的心情非常能够理解，但模仿其他公司的经营战略最终几乎都是失败的事例。因为公司的优势和弱势、经营资源的量和质都不同，所以即使完全效仿经营战略，也不能保证能够成功。

自己公司的“身量”，也就是说立足于自己公司拥有的人、物及资金的经营资源和组织能力，不制定与此吻合的独自的经营战略的话，就不会结出果实。而暂时搁置经营资源和自己公司的能力，只有经营战略先行一步的话，可以说没有把握实现也是当然的。

作为超过“身量”经营失败的例子，可以举经济泡沫时期的马自达。该公司在这个时期出台了“销售渠道扩大到和丰田并行的五个渠道”这么一个策略，如跳火坑吃了大亏。

马自达考虑到“因为客户的需求是多样化的，所以我们公司也要像丰田一样必须销售渠道多样化”，一直以来的“Mazda（马自达）”渠道，再加上展开了“Eunos”“Efini”“Autozam”（均为马自达的车类子品牌同时也是其销售通路体系——译注）、“Autorama”（马自达与福特共同携手建立的销售商体系品牌——译注）四个渠道，打出了“多渠道战略”。

可是，即使能够做多样的销售渠道，也没有像丰田一样有强大的产品开发团队，所以投入多样的产品是困难的。结果是，哪个渠道卖的都像是一样的车，陷入这么一个状态，各个销售渠道没能做到有个性的东西。因为这个的失败，马自达陷入经营危机，不得不接受美国福特的救济。

2003 年创业元老井卷久一先生时隔 7 年又任社长之后，曾说“不知自身行，不许去经营”。的确是经营战略“狂奔乱窜”，经营落入穷途。

为了从那个苦境脱离，马自达聚焦车型，断然实行工厂关闭等政策，重新转向紧身均衡路线。之后，追求“适合马自达”的目标，在 2002 年铆足了劲发售“Atenza（阿特兹）”，燃起了复活的狼烟。那以后，马自达恢复元气的背后，有“适合‘身量’的经营战略”。

在这里必须附加的一点是，适合“身量”的本义，绝对不是“缩身”的意思。无危险、萎缩的经营战略自始至终，不会给企业带来活力。在理解“身量”之后，应不断追求挑战，制定有野心的经营战略。

适合组织风土、文化的经营战略

在思考经营战略的可行性时还有一个观点：“适企性”。这用一个词来说的话，就是“像”。有必要检验经营战略是不是适合各个公司的风土和文化、“像那个公司”。每个公司，从成长过程、历史、经营的事业的特性等，形成了独自的组织风土和文化。那些无形的公司作风和经营战略是不是相称，给经营的可行性带来很大的影响。如果有很大的不相称的话，经营战略的实现并不容易。

请回想一下在讲义 4 里讲过的花王的例子。在软盘成为市场份额第一后，虽然新进入的信息关联领域情况良好，但决断撤退的最大的要因是，因为这个事业“不像花王”。对于产品寿命比较长，擅长于踏实持续改良的花王来说，经营高层判断，变化速度快、动荡激烈的信息关联领域，与花王的风土和文化不相称。

可以看到即使在某个领域有卓越的技术，但经营的事业和产品的特性，不适合自己公司的组织风土和文化的事例有很多。尽管初期的产品开发成功了，但有可能陷入持续的优势性构筑很困难的局面。

当然，太过于僵化地考虑组织风土和文化也是问题。在不影响过去的历史的前提下，应努力追求适应时代变迁的组织风土和文化。

但是，经过长年才形成的组织风土和文化一

朝一夕改变很困难也是事实。提出的经营战略是不是“适合我们的公司”，在确保其可行性时，是重要的考量点。

案例研究14

可果美（Kagome）的战略转换

可果美（Kagome）从20世纪80年代后半到90年代初，实施事业的多元化。发布“SKY计划（天空计划——译注）”，提出了以“综合食品制造商”为目标的经营战略。

那个背景有“仅仅依靠番茄酱和番茄汁等一直以来的‘定例’产品，有增长的界限”这么一个想法。以市场的增长性和魅力度这些观点来看的话，在同样的食品领域里成立可以期待增长的复数事业，宽泛一点的经营战略本身，有一定的合理性。

但是，结果这个经营战略以失败告终。为什么？因为在制定经营战略的时候，脱漏检验“像可果美”。

可果美一直以来，亲自育种及栽培番茄和胡萝卜等蔬菜，进行商品化，换句话说，作为“含有泥土气息的食品制造商”，创造出了独自的价值。多元化战略让那些“像可果美”的价值埋没了。来到现场满怀豪情做土气农活的，也不能领会牵扯到资源分散的多元化战略。

结果，虽然因为这个“SKY 计划”销售额增加了，但收益能力大幅下降。品牌印象扩散，陷入到丢失“像可果美”的最坏状况。

在那种困境中，1996 年就任社长的伊藤正嗣先生，宣言“回归创业者的初心”，亲自出马改革公司内的体制。以可果美原本的特性为重心轴，谋求战略转换向“农业食品制造商”的原点回归。

具体地来说，一方面削减近半数的产品线，另一方面结集全公司之力，聚焦一个个贵在以手工培育下去的产品。这个“像可果美”的追求奏效了，诞生了胡萝卜汁和蔬菜汁等的畅销产品，同时以番茄汁为首的“定例”产品的市场份额提高也成功了。让作为“农业食品制造商”的可果美品牌复活了。

即使一看好像是增长钝化的市场，只要深挖自己公司的优势创造出独特的价值的话，以自己的双手使市场活性化也是可能的，可以说这是一个好的例子吧。可果美重新意识到，“市场环境是能够依我们自己改变的变数”（见图 14−1）。

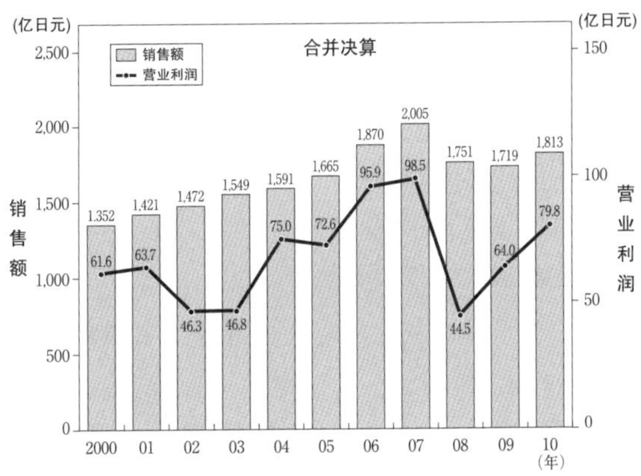

图14–1　可果美（Kagome）的销售额·营业利润演变

（资料来源）出自SPEEDA

恢复了“像”的可果美，那之后也连发畅销产品。例如“蔬菜一天这一瓶”，一天所需要的蔬菜以这一瓶饮料供给。挖掘蔬菜不足的饮食生活迟迟不能得到改善的人们的“懒惰需求”。

另外，“植物性乳酸菌饮料 Labre”在 2003 年从接替雪印 Labio 公司的研究以来，花了 4 年时间让它成功商品化。从京都传统的腌制品“酸萝卜咸菜”中发现的 Labre 菌，据说有使抑制癌细胞增殖的 NK（Natural Killer）细胞活性化和为此增加所需要的干扰素（IFN−α）的作用。以自然之力开启免疫能力。正是果敢面对“菌太强，不适合做饮料”的困难，才略知可果美的厉害。

此外，邮购限定商品“当季鲜榨”情况良好。只使用新潟县津南的露天栽培的番茄，只在迎来营养和味道最高峰的8月中下旬采摘、以就那样榨取的番茄汁“夏天鲜榨”为首，追求产地与原材料、季节的这个系列是包含着开发者热切用心的高贵产品。

这样可果美，在“田地是第一工厂”和重视原材料品质的理念下，从世界顶级的种子研究开始作为产品开发力的原动力、连续快进击。

更进一步，可果美，提出了增加一般个人股东这么一个政策。在2001年设立了“粉丝股东10万人构想”，比目标早一年半在2005年9月达成了目标。

这个是，让一般个人股东和粉丝开发、联动的作战。“虽然说企业是社会的公有物，但现实的资本构成是有金融机构以及股权互持等因素，不一定会变成那样。像可果美一样的作为消费品制造商，让许多的客户成为股东才是王道。”那背后，有这么一个想法。这样的做法，可以说是显露出了“像可果美”。

不是只依存于市场的增长性，而是以自己创造出市场的增长。这里显示出企业本质的竞争力。可果美由于战略的转换成功，确实可以说是从企业内部的角度确保了合理性的具体例子。

讲义14译评

这一讲，指出如何确保经营战略的可行性。可行性实际上有两方面含义：一是经营战略的“可实行性”，一是经营战略的“可持续性”。为了确保可行性，需从两个方面来把握，即“身量”与“适企性”。

（一）适合身量

“适合身量”可比喻为适合自己的身体。“身量”主要影响经营战略的“可实行性”。也就是要立足于自己公司拥有的人、物及资金等经营资源和组织能力。不“因人而异”制定独自的经营战略，就不可能结出果实。这也就是为什么模仿其他公司的经营战略最终都以失败告终的原因。身量与战略不符。同时，必须要明白的是，“适合‘身量’的本义，绝对不是‘缩身’的意思。无危险、萎缩的经营战略自始至终，不会给企业带来活力。”

总共有三种情况属于“不适合身量”：（1）战略超过身量。（2）战略小于身量。（3）战略与身量性质不符。皆应避免，方可谓“合理”的经营战略。

（二）适合组织风土文化

“适合组织风土文化”即“适企性”，可比喻为适合自己的性格，主要影响经营战略的“可持续性”。如何判断经营战略是否有“适企性”？用一个神准的词来说就是“像”。有必要检验经营战略是不是适合各个公司的风土和文化——“像那个公司”。如果不“像”的话，最终经营战略与企业风土文化或早或晚必然要起矛盾冲突，无论谁“败”都是“俱伤”，经营战略也就难以为继了。花王英明决断，从已经位居第一的信息关联产业撤退，就是因为这个事业“不像花王”，从而判断其不具可持续性。

所以，经营战略要有可行性，既要“适合身体”具有可实行性，又要“适合性格”具有可持续性。

在“案例研究14”中，可果美一开始的问题，就是其多元化新战略，既不适合身量、又不适合风土文化。因为以“综合食品制造商”为目标的经营战略“SKY计划”，已经“不像”可果美了。结果——

（一）对外“不像可果美”

一直以来作为“含有泥土气息的食品制造商”

创造的“像可果美”的独自价值，被多元化战略埋没了。

（二）对内“不是可果美”

“满怀豪情做土气农活”的一线员工，对要分散资源的所谓“多元化战略”均不能领会，甚至不以理会。亦即“SKY 计划”全然没有企业的文化基础和群众基础，正像其名称“SKY（天空）”，不接地气。

伊藤社长的“处方”，自然是“回归创业者的初心”，做回自己。“以可果美原本的特性为重心轴，谋求战略转换向‘农业食品制造商’的原点回归”。既适合身体、又适合性格，经营战略终于回到了“像可果美”。

讲义15

企业再生与经营战略

企业必须常常持续进化。为此，有时候大胆地转换经营战略，同时有必要持续磨炼能实现转换的组织能力。

特别是，成功了的企业从此对既有成功的变革有所迟滞，往往会抱有结构性的问题。陷入那种局面的时候，大胆地着手彻底解决，也就是说有必要以“破坏过去的做法，创造新的公司”这种思考方法奋力再生。

在本班级最后的讲义 15 里，想要以作为企业再生的执行脚本“破坏与创新”为主题，一起来谈一谈。

成功的复仇

一次成功地得到领袖地位，公司全体容易在不知不觉中在那个成功上不思进取，往往会骄傲自大。如果那样的话，即使业绩开始走下坡路，公司人员也不能正视那个现实。

“我们自己是这么做才成功的”，始终抓住过去的荣耀不放，其结果是陷入濒于很大危机的苦境中。

这个就叫“成功的复仇”。固执于过去的成功，怠慢于进化的努力，一定会有很大的报应。

作为有名的典型例子是多年来一直是啤酒业界王者的麒麟啤酒。一时期的市场份额雄踞60%以上，明显稳坐“永久领袖”的霸主位置。但是，随着“Super Dry 超爽生啤”发动了起死回生的攻势再加上挑战者朝日啤酒的追击，麒麟啤酒的市场份额被逆转，从领袖的位置陷落。关于这些在“案例研究 7”中，作为朝日啤酒这边的故事学过了。

麒麟败给朝日的理由是明显的。因为“拉格Lager”代表的是“定例”商品而且不思进取。当时，“拉格 Lager”，是放着不用管也能卖的人气产品。在营业的现场，“销售”就相当于“配给”一样，持续需求超过供给的状态。其结果是产品开发和营业人员不努力不认真，放任了朝日的追击。

虽说是领袖企业，但骄傲和松懈在企业内部蔓延的话，就会被“成功的复仇”绊倒。为了继续成为领袖，不是满足于领袖的宝座，而是常常重新审视经营战略，持续挑战才是必不可少的。

Restructuring（重组）是结构改革

领袖企业从首位滑落，收益恶化下去的话，必须“破坏那么久带来成功的‘过去的遗产’”这种很大的结构改革。短时间情况不好的话还说得过去，如果长时间不着手根本改革，公司可能会陷入不能东山再起的境地。

这样的企业再生叫做“结构调整，产业重组”。

这种情况的结构调整，和一般经常被使用的“改组”不一样。虽然“改组”经常以人员解雇和雇用调整被使用，但本来的结构调整和产业重组的意思是“以企业的成长和价值的增大作为目的进行企业的结构改革”。绝对并不只是指“紧缩均衡”这个词。

一般结构调整和产业重组是由“财务”“战略”“业务”这三个要素构成，在“统一再生计划”下被实施。就以 IBM 的事例来说明吧。

IBM 创业以来，顺利成长，受到了很高的评价“世界最优秀的公司”。然而 20 世纪 90 年代初，面临经营危机。

在IT业界从以主机为中心向精简化、网络化、软件化及服务化的改变中，应对迟缓了。那些问题，以1991年的石油危机为契机一下子喷发出来。

这时作为“重建者”就任CEO的是路易斯·郭士纳。他历经美国运通（American Express）、雷诺兹·纳贝斯克（RJR Nabisco），面临濒死状态的IBM的重建。

他在最初的两年间，专心致力于财务和业务的结构调整。在财务方面，生产据点从50个地方减少到9个地方，压缩资产的同时，削减供应成本20%、信息化成本47%。从防止现金流出的“止血”和确保现金“输血”的两方面进行紧急的对策。

在业务方面，清除以前的各种功能纵向分割、条块领导的组织弊病，业务程序焕然一新。从生产的准备阶段和接受订货处理到生产安排的时间等缩短化推进改革。这被称为“Transforming IBM（改变IBM——译注）”。

这样在财务及业务两方面进行结构调整的另一层面，郭士纳在战略层面，从由来已久的硬件志向，朝收益性更高的软件及服务志向转型。明确地提出了软件及服务成为新的增长支柱。

结构调整和产业重组的目的，终究是“以新的增长为目标的企业再生”，有必要明确作为“增长路线”的经营战略。那个时候重要的是，让“选择和集中”贯彻，聚焦核心事业。郭士纳实行“像教科书般的”改革，让IBM仅仅几年便成功驶入再度增长的轨道。

持续提出“活”的经营战略

经营并不单是“赚钱就可以了”。几十年，不，几百年持续的永续性非常重要。“Going Concern（持续经营——译注）”也就是永续地让事业继续并发展下去，才是企业的社会责任及使命。为什么如此？因为顾客和投资者、交易方、从业人员等所有的企业利益攸关者，都是以“企业的事业活动继续”为前提。

但是，围绕企业的环境是时时刻刻都在变化中。不能应对那些环境变化的话，无论多么极尽隆盛的企业也要被淘汰。为了不陷入那种局面，在结构调整和产业重组之前就必须动手采取对策，改变下去是本来应有的状态。

无论多么的顺风顺水，也要经常检验及评估经营战略的妥当性，按照需要机动地修正。更进一步，就新环境下的经营战略，常常探寻亦不可欠缺。

花王提出“不满足现状的企业”作为全公司的口号。常常否定现状，想要进化的姿态，才是实现“Going Concern 持续经营”唯一的方法。经常预先变化，寻求持续提出“活”的经营战略。

案例研究15

以“破坏与创新”再生的 Panasonic（松下电器）

Panasonic（原松下电器产业），是创业者被称赞为“经营之神”的松下幸之助先生在1989年谢世之后，在被称为“暗黑的90年代”闯入的。

美国电影公司MCA的收购失败、超过5000亿日元损失的国家租契事件、电冰箱的压缩机事故三个大失败的重叠，给予“家电王国松下”很大的动摇。这时再加上IT泡沫的崩溃，在2002年3月，松下自创业以来第一次转落赤字。那个同时，也有放任的瞬间，在销售额上让索尼逆转。

在2000年就任社长的中村邦夫先生，赌松下（当时）的再生，对之以“破坏与创新”。在第二年的2001年4月打出了“创生21计划”，宣告“不设改革的禁区”，着手彻底的结构改革。

所谓松下的“禁区”指的，应该称得上是松

下老先生的遗产。因为对于松下的职员来说，创业者太过于伟大，对先生的敬畏之情不知不觉变成一种束缚的魔咒——“松下老先生决定的事情不能改变”。

“试想一下的话，幸之助这个人是开展破坏与创新的人。虽说是创业者留下来的东西，但也没有道理一定要把它留下来。如果留下来的话，公司就会垮台。我们应该继承的是幸之助的理念，除此以外全部打破。”

中村社长以那样的信念，接连不断地着手彻底解决幸之助先生导入的系列销售店和事业部制等，被视为“禁区”的架构。

例如同一公司的系列销售店，在全国上升到两万家。电冰箱、洗衣机、空调、录像机等，战后的生活必需品送到日本的每个角落，强有力的销售渠道支撑着松下。但是，时代变了，随着家电量贩店在全国扩展，其重要性急速下降。

为了谋求系列销售店的革新，排除一直以来的“客户待遇”。考虑到系列店以自主独立谋求收益强化对双方来说都是大事，让新的研修制度“职业店铺道场”启动。听讲费用由系列店承担。只选出有冲劲的系列店，以合伙人的结构形式瞄准健全化。

另外，致力统筹整理松下电器和子公司碎乱、重复的事业板块，重组 14 个集团。为此作出松下通信工业、九州松下电器等 4 个公司的上市废除和松下电送系统再加上 5 个公司的完全子公司化。

在那之前同时扶持照料事业部和分公司类似的产品，有以公司内部竞争提高开发能力这么一个想法为基础。但是，与其以那样为优点，倒不如说因重复效率低下成为比较大的负担。

此外，坚决实行提前退职制度的导入和国内外 30 个地区以上制造据点的统一合并与撤销等。另一方面，等离子显示和手机、DVD 等 88 个品项，瞄准市场份额第一、谋求一定强化“V 产品”（优胜产品，市场占有率第一的产品——译注）等，产品战略层面也大刀阔斧地整顿（见表 15-1）。

看到这些“破坏”的一定成果后，2004 年“中村改革”迎来第二幕。否定过去，彻底改革之后，重心轴移向“创新”，松下再次以加入增长轨道为目标启动了“跃进 21 计划”。

看准 2010 年的这个计划，在把“V 产品”确定为增长引擎继续强化下去的同时，着眼于半导体事业领先 10 年的技术力，提出了强化海外事业、经营素质等内容。

表15-1　“创生21计划”的沿革

2001 年度的改革
· 事业部制解体、制造部门独立 · “National”“ Panasonic”品牌分开的市场本部新成立 · 松下电子工业吸收合并 · 导入早期退休制度（13000 人退休） · 国内外 30 所以上的制造分部统一整合 · 发表 2004 年 3 月止投资 1400 亿日元的 IT 革命 · 导入少人数的生产方式
2002 年度的改革
· 松下通讯工业、九州松下电器、松下精工、松下寿电子工业、松下电送系统完成子公司化（100% 股份持有） · “V 商品”选定，目标为获取更多占有率及收益率 · 2000 亿日元现金流目标 · OB 支付后松下独自的福利年金利率下调
2003 年度的改革
· 作为事业部制解体的成果、14 个事业领域转向自主责任经营 · DVD“ VIGA ”与薄型电视机“ VIERA ”开始销售 · Panasonic 全球品牌统一 · 发表美蓓亚（Minebea）和马达 4 个事业的合并重组 · 松下电工持 51% 股份的子公司化发表

（资料来源）转载《日经商业》2009年1月19日号　第8页

松下从“创生 21”向“跃进 21”，断然实行“破坏与创新”两手对策的改革，再次成功折回到增长轨道。

讲义15译评

这一讲重点指出，企业在面临重大结构性危机的时候，如何以“破坏与创新”的思想方法，大胆转换经营战略，使企业得以再生。

恰恰是成功得到领袖地位的公司，反而容易出现结构性问题。“成功”之后，必然伴随着一个巨大的隐患，就是“成功的复仇”。“成功的复仇”，是借助对手之手，如麒麟的麻木不仁、不思进取，就必然放任朝日的追击。于是，老大落马只是时间问题。

如果“领袖企业从首位滑落，收益恶化下去的话”，怎么办?“必须破坏那么久带来成功的‘过去的遗产’这种很大的结构改革”，即实施“结构调整，产业重组”，使企业再生。

作者指出，结构调整和产业重组是由“财务——战略——业务”这三个要素构成，在“统一再生计划”下被实施。我的认识是，不仅这三个要素很重要，“三个要素的顺序”更是极其关键，直接影响到调整重组的正确性和高效率，甚至直接决定了调整重组是否能够成功。从“战略”的角度，这个顺序应该是：“战略——业务——财务”。

所以我认为，当“世界最优秀的公司”IBM，“在IT业界从以主机为中心向精简化、网络化、软件化及服务化的改变中，应对迟缓了”而面临经营危机之时，重建者郭士纳“改变IBM”，合理的思考顺序应该是：战略——业务——财务。试以这个“战略思维”顺序，重读书中相应内容，可能感觉会不一样吧——

（一）在战略层面——“从由来已久的硬件志向，朝收益性更高的软件及服务志向转型。明确地提出了软件及服务成为新的增长支柱”。（就是后来所谓“四海一家的解决之道”）

（二）在业务方面——“清除以前的各种功能纵向分割、条块领导的组织弊病，业务程序焕然一新。从生产的准备阶段和接受订货处理到生产安排的时间等缩短化推进改革”。

（三）在财务方面——“生产据点从50个地方减少到9个地方，压缩资产的同时，削减供应成本20%、信息化成本47%。从防止现金流出的‘止血’和确保现金‘输血’的两方面进行紧急的对策”。

试想一下，如果不是按这样的“顺序”，一开始削减这么多的生产据点和成本支出，究竟该削减哪里、削减多少，依据是什么？业务如何取舍，资源将如何增减、分配，核心能力将如何培养？表面上看似黑布蒙眼大刀乱砍，实质上改革在战略的引导下进行却像手术刀那样精确——郭士纳应该是像这样思考实行，似乎才配得上业界所称道的“教科书般的”改革。

在“案例研究15”中，松下电器的结构性改革真正去到了“破坏与创新”的地步；中村社长的决心和勇气、坚毅与智慧，也着实令人钦佩——“经营之神”留下来的庞大经营体系，在时过境迁之后变成企业沉重的“包袱”，2002年这个伟大的企业（品牌）迎来了自创业以来的第一次赤字，且持续恶化中——谁敢去动？！

中村邦夫“横刀立马”，对之以“破坏与创新”，祭出了“创生21计划”，宣告“不设改革禁区”，着手彻底的结构改革。经过3年左右时间，看到“破坏”的一定成果后，重心轴移向“创新”，再次以加入增长轨道为目标启动了“跃进21计划”。这一有力的经营战略，使松下再次成功折回增长轨道。

松下的成功证明，当企业面临再生重组、结构改革的关键时刻，“破坏”与“创新”两手都要抓、两手都要硬，才能形成强有力的经营战略。企业再生的必由之路、唯一的执行脚本就是“破坏与创新”，别无选择——“陷之死地（破坏）而后生（创新）！”（《孙子·九地》）。

补讲1

“资源理论”的思考方法

在接下来的3章补讲中，我想讲一下这之前15章讲义里学到的思考方法，在实践时了解一下比较好的另外三个相关主题。首先在补讲1里，在多种多样的经营战略理论中一起来学习关于“资源理论”这个思考方法。

“战略”这个词被创造出来，并不是那么久远的事情。像在讲义1里学到的一样，在商业的世界里，最初使用“战略”这个词的是阿尔弗雷德·金特拉。那之后，以伊戈尔·安索夫为中心的规划学派，以迈克尔·波特为中心的定位学派等进行了多种多样的经营战略研究，其主张也各种各样。

在这个班级里，是以迈克尔·波特提出的“定位理论”，即从市场竞争环境提问“我们自己应该采取什么样的定位”制定经营战略的思考方法为中心学习过来的。

在补讲1里，和前述“定位理论”不同，说明一下关于“资源理论（Resource-Based View）”这个思考方法。这是进入20世纪90年代，从“注意到战略是企业内的资源思考不是更重要吗”的方向性中产生的概念。

各个企业拥有的资源和能力都不一样。比起着眼于市场这个外部要因，倒不如重视那些内部的由研究者们创造的要因。企业是“资源的集合体”，其基础是企业间的差距因资源优劣决定，这么一个思考方法。

着眼于这个“资源”思考方法的是，据说以1984年麻省理工学院（MIT）的伯格·沃纳菲尔特（Birger Wernerfelt）发表的“A Resource-based View of the Firm”（“基于资源的企业观”——译注）这篇论文为起源。那之后，许多的学者，提出了以“资源”为基础的经营战略理论。

事先说明一下，并不是哪个概念正确、妥当性高的话题。在实际的经营上，让两者的思考方法共存才有意义。因为不管哪个概念都有它本身的妥当性，仅仅凭一个概念不能说是“活战略”。

立足此点，“资源理论”是什么样的思考方法，一起来具体地看一下。

首先在“资源理论”里，资源分为下面的三类：

有形资产——不动产、生产设备、原材料等。

无形资产——品牌、专利及商标等。

组织的能力——为了投入转换为产出的人才、方式、组织的日常工作等。

Capability 的意思是，企业拥有的“作为组织的能力”：拥有什么样能力及专业技能的人才，拥有什么样的技术，在生产方式和品质管理、产品开发、营业、流通等领域确立了什么样的组织特有的系统等符合以上这些的全部。总之，指的是企业长年累月培养起来的“组织能力”。

而这三种资源，也就是说资产的量与质、然后独自性高的能力，才是企业赖以构筑优势性的源泉。有言“保有资源的存量与能够获得以及积累新资源的速度规定了战略”，是这个概念的基本思考方法。

这个概念的特色是，通过着眼于能力这个以企业的努力一边磨炼一边积累下去的可能要素，对充满变数的经营战略有可以操纵的点。组织的能力进步了的话，就能够提高经营战略的实现性。而且，经营战略的选项幅度也更宽广。

比做一个人的话，像“体能（Fitness）非常高的人，不仅短距离跑、中长距离也能够掌握；更进一步，也许活用弹跳力撑竿跳也可以；让投掷能力发挥投标枪也可以”一样，有可能在各种各样的竞技中取得卓越的成绩。企业经营也是，能力提高了的话，各种各样经营战略的实现变得可能。

实际上，我在2004年出版的《锻炼现场力》，正是根据这个“资源理论”的思考方法。每天执行操作的现场能力，也就是说“现场力”才是竞争力的源头，说明这个需要不断的努力持续磨炼下去。

再重申一下，我自身认为“定位理论”和“资源理论”并非是不相容的，让它们共存才有意义。常常将定位和能力这两个要素放在心上，是实现“冒尖”经营的必要。

补讲2
“幸存者利益”的思考方法

制定新的经营战略的时候，总是有朝成长市场看的倾向。因为考虑到如果市场本身成长的话，能够确立独自定位的可能性就会很高。

在已经迎来成熟期的市场，不能期待强有力的增长，只能等待衰退。也许未必感受得到想要出手的魅力。

但是，不能简单地断言“成熟市场不如成长市场有魅力”。即使事业或市场是成熟的，只要是自己的“决战场地”，也能够获得丰裕的收益，也可能实现增长。

在讲义10学过的“事业的生命周期”里，讲解过“从成熟期到衰退期，在竞争激化中分化为胜组、败组，最终经过淘汰，失去优势性的企业退出”。市场成熟的同时，企业一定会减少下去。

作为市场即使迎来了成熟期，但作为企业增

长，在竞争对手被相继淘汰之中，却有获得很大利润的可能性。这叫做“幸存者利益”。

这个经营战略，是公司没有随着事业和市场本身消失而是存续，同时那个公司还有承受成熟期的体力的话，可以说是极其有效。即使不成长，只要从世上选择绝对不会消失的事业，独占竞争对手消失后的利益，即使市场成长性的魅力度不高，作为企业也能够确保充分的增长、利润。

在美国密苏里州圣路易斯的机械制造商艾默生（Emerson），也可以说是那个例子的榜样。在“案例研究 11”作为日本电产收购其一个部门的公司介绍过。

在 1890 年作为交流马达的制造公司开始的艾默生，现在已经在全世界拥有 240 个制造据点，成长为拥有大约 12.8 万从业人员的大企业。2008 年的销售额是 248 亿美元，营业利润上升到 40 亿美元。而且，连续 44 年增长，实现了 54 年连续增配股息红利这个惊人的实绩。

虽然是实现如此高收益的成长企业，但事业领域在生产业用马达、工具、齿轮、压缩机和控制器等，不管看哪个全都是“成熟”的事业。那些东西，几乎一般都认为不是魅力的市场板块。

艾默生积极地进行M&A（企业收购），连续不断地将这个领域的企业收入旗下。以生产业用的部件这个领域为中心，虽然展开了60种以上的产品，但是其大多数都是通过M&A获得的。

许多的企业相互推挤倾轧，展开炽烈的竞争，结果在被淘汰的企业当中，艾默生接连不断地收购“虽然竞争失败了，但有高技术力及品牌的企业”。即使是成熟或衰退的市场，如果竞争对手不在了的话，就有“一人独揽的情形”。通过创造那样的状况，艾默生扩大了成为“成熟市场胜组”的无与伦比的基础。

艾默生的战略高度在于，例如像生产业用的马达一样，选择“虽然不能期待很大的增长性但绝对不会消失”的产品，然后进行收购，即使缺乏增长性，瞄准在被称为“产业的米”（意为维持产业存在的最基础要件——译注）的产品群确立压倒性的地位。

像艾默生一样在成熟市场以瞄准“幸存者利益”志向为经营战略的时候，有必要把“虽然是成熟的，但不会消失的产品”、“竞争对手的数量和力量”、还有“自己公司的体力”放在心头进行判断。如果判断无误的话，即使是成熟市场也可能获得丰裕的高收益。

顺带提一下，经常处于收购方的艾默生把马达事业卖给日本电产，可以说是趁那个事业能卖高价的时候卖给在那个领域不断进行收购的日本电产，然后将得到的资金瞄准其他的板块进行强化。虽说是成熟领域，但对于决定瞄准哪里，战略性地经常考量，经营战略也能得以进化。

补讲3

不要被框架摆弄

在经营战略的课上，是学习对战略制定有效的各种各样的模型框架。到现在为止的讲义也讲解了一些模型框架。作为制定经营战略的“工具”学习和掌握并没有什么坏处。

但是，那里有一个陷坑。即是学到的模型框架变成“脚镣”，反倒妨碍创造的思考。依靠 Framework（框架——译注）这个被给定的“既存的框架”，结果有被绑住的风险。

例如有“3C”这个经常被使用的框架。像在讲义 2 里简单讲解的一样，这是从“Customer 顾客”“Company 公司”“Competition 竞争”这三个观点对现状进行盘点，用于整理的工具。

虽然并不是要否定“3C”本身的有效性，但什么都不考虑盲目地照原样使用的话就有问题了。应该从思考究竟以“三个 C”这个框架进行整理是不是妥当开始。

作为公司，例如Channel（销售渠道）的重要性也有很高的时候吧。那样的情况再加上“Channel”应该是“4C”。另外，也许有公司需要再加上调查企业社会责任的CSR［Corporate Social Responsibility（企业社会责任——译注）］作为新的观点。当然，也没有必要一定要拘泥于“C”的首字母。

总之，因为学过了“3C”这个框架，所以就要如此深信地使用的话，就会变成被既有的模型框架“摆弄”。不是对“3C”生吞活剥，而是根据那个对自己公司来说妥当性最高的模型框架、抱持“改良”的姿态才是要紧的。那才真正意味着，模型框架“运用自如”。

另外，即使是用模型框架整理现状，就那样结束的话也没有任何意义。重头戏是，从那里有什么发想。

同样是在讲义2里讲解的“SWOT分析”这个经常被使用的框架。这是分析整理符合“Strengths（优势）”“Weaknesses（弱势）”“Opportunities（机会）”“Threats（威胁）”这四个项目的事体，在构筑优势性方面明确什么成为武器，还有什么不足的地方的工具。但是，即使填满全部的项目，漫不经心地望着，也不会产生新的发想。

我自己整理会留心通过叫“反读”的方式。也就是说实际上“优势”不就是“弱势”吗？正因为是“弱势”不就可以成为“优势”吗？“机会”真的是“机会”吗？不能抓住“机会”不就像“威胁”一样吗？尽可能敢于以逆向的发想去思考。

即使就那样凝视梳理后的事实，也不能产生新的发现。着眼于什么，根据着眼点怎样变化，连接着崭新的战略发想。

重要的是，并不是要“知道”模型框架。作为知识理解模型框架的话，往往会被模型框架“摆弄”。

学习模型框架的意思，是学习模型框架的思考方法，思考最适合自己的模型框架，然后以模型框架整理的东西从独特的角度解读。那才是模型框架“运用自如”。

在商学院学习的东西有很多。但是，学到的理论和知识反而成为脚镣，也潜藏着妨碍自由发想的风险。

“大量学习，不受摆弄。”

这是最后的致语，我想这个班级的讲义就结束了。垂听至最后，非常感谢！

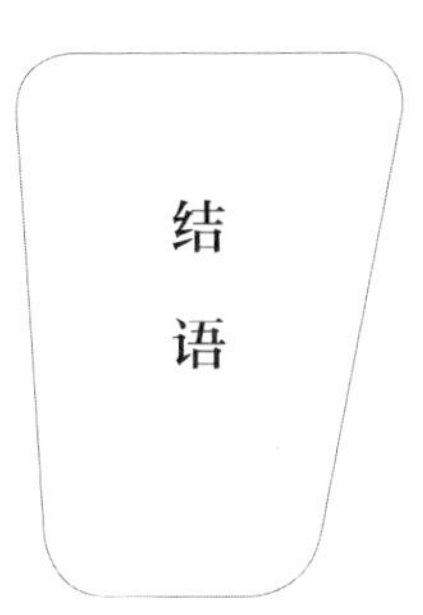

结语

关于本书，是我在早稻田大学商学院开讲的“经营战略”的讲义内容的呈上。自己说的话可能有点不自量力，但对于这个班级商学院的学生们来说，好像成了非常刺激的课程。

在课程的最后收到了填写的调查问卷，虽然担任的老师之后可以看到那个评语、评论，但得到了“最像商学院的课程”，“90 分钟总是转瞬即逝”，“早点与这个课程相遇就好了”等评论，感到作为一名教师非常光荣。

这个课程，虽然原则上是两年制的在第一年作为核心科目必修的，当中有在第二年说“作为旁听生还想要再听一次课”的学生，每年都有几个。在商学院体系的这些学生，学习了经营的整体面貌后，作为其集大成的经营战略还想再一次面对面的心情，我非常能够理解。另外，恐怕在第一次的听讲不能理解的地方，也在第二次学完终于能够理解了吧。经营战略就是那么的深奥。

“经营战略”这个一般被认为是“生硬”的科目，我在本书中打算尽可能容易明白地讲解。但是，以书籍这个形式依然也有限度，我感到非常抱歉。

在实际的课堂上，我邀请了演讲嘉宾，设法让学生“体感”到充满临场感“栩栩如生”的经营战略。在 2011 年度的课堂上，我邀请了本书中也提到的 Mother-house 的山口绘里子社长（创业与经营战略），豪雅（HOYA）iCare 事业部长伊藤芳子（间隙领导者战略），罗兰·贝格（Roland Berger）的山邉圭介合伙人（破坏与创新）三人，基于实践体验，生动地讲谈关于经营战略的要谛。

读过本书的读者们，也请前往实际的店铺，了解产品，看一下广告。如果是优秀的企业的话，那些与顾客的接触点部分，应该会表现出那个公司经营战略具体的轮廓。如果认定了“原来如此，这个公司想要在这里进行差异化”的话，那个公司的经营战略一定被反映在了现场。

我在这个课上提到的案例等每年进行更换，常常努力保持新的内容。像旭山动物园这样的，在成为“全国性”的人气之前就已经提到过了。不仅是一般经常熟知的大企业，也着眼于Mother-house 等的间隙领导者企业。

我在这个班级，没有打算教“经营战略论”。我希望大家学到对实践有帮助、连接着成功的“经营战略”。因此，完全不是从理论形式进入，而是我相信从“活”例子去学习才是最好的。衷心希望从这个班级听课的学生中，产生出许多的优秀战略家、经营者。

经营战略没有“正确答案”。以理论道理、按部就班的话，编不出优秀的经营战略。

但是，正因为没有“正确答案”，不是单纯的理论道理，所以说学习经营战略才有乐趣。是“科学”，也可以是“艺术”。这正是经营战略的魅力。接下来我想我也会谦虚地和经营战略这个“生物”一起相伴走下去。

在本书写作的期间，受到光文社的槌谷昭先生非常多的帮助。每次星期六都亲自前来整理我的讲义，使我得到了出版本书的推动力。另外，也要感谢在写作中得到千叶润子小姐的全面协作。千叶小姐与我是同一个中学的同级生。以没有想到的方式产生合作，我感到非常高兴。

然后，也要感谢经常一边帮我整理写作的环境，一边也参与帮我制作图表的山下裕子小姐。正因为有各位的鼎力协助，总算完成了这样一本书。唯有感谢。

作为『励志故事』的译者、译评者后记

这本“小书”的翻译，极其不易，算得上一个小“励志故事”。

话题得回到2012年4月的一天，因为我的孩子、本书译者文渡函当时（尚未满22周岁）正在补习日语，所以偶尔会一起去广州一家专卖日本原产商品的小店。

在书刊架上看到本书原著，眼前一亮。我虽不懂日文，但书名却是中文形态的日文《经营战略教科书》（本书原名）。作为职业的企业战略咨询顾问，多年来，过眼的各国战略著作不下百种，每一本都是相对大部头的，以与“战略”的分量相称。而这本书，小小的，只比我们儿时看的小画书大一点，居然称《经营战略教科书》，真是一奇！

心一动就买了。主要目的，还是想作为孩子学习日语的一本有益的课外读物。然后在书的扉页上写下：

“赠予爱子渡函，期待中文译本早日出现。并希望通过此书的翻译学习，使你的思维跃上新境界。”

我知道，翻译一本书是学习外语最好的方法。另外，这本书也很小嘛！

为了鼓励孩子学习，时不时问一声“书翻译得怎样了？到时候要给你出版喔”！其实我对这本书的翻译最初是不抱任何期望的。

因为，能够“阅读”与能够“翻译”，这之间的功力要求有天壤之别；另外，我对日本的战略研究水平历来不敢恭维。我们学习的绝大多数战略著作几乎清一色都是欧美的研究成果。在日本很多世界著名企业家的著作中，甚至都找不到“战略”的词汇。我一直认为日本的传统强项是“战术”。

所以，只是有意无意地随口催促……直到有一天，孩子翻译的部分文稿留在电脑桌面上，一些句子挑开了我的眼帘：

“经营战略是‘活变’的生物。”

“好的经营战略，是充满泥土气味、汗臭味的。”

看来，这是一本有自己个性、观点和认识的战略著作，而且这些认识很“东方”，这在世界战略研究领域是难能可贵的。我感到这本书“有价值"，于是，才开始认真对待孩子的翻译工作。

深入了解，才知这是一项几乎没法完成的艰巨任务。

虽然孩子已具备翻译此书的一些条件：如日语考过了N1级、曾跟随我学习《商道秘宗》战略经营咨询研讨课程逾千学时，同时耳濡目染、协助过对多家企业的战略经营咨询工作……

但是，这本书再"小"，毕竟是一部战略专著，是亚洲第一学府早稻田大学商学院名家20年教学及实战的结晶。看起来貌似短小，实则博大精深。其涉及知识面之广博、专业度要求之高、思想之严谨深刻、人性之多元复杂，强大的商业逻辑和战略逻辑，日语的微妙语义等，都不是一个20出头、稍有日语基础的孩子所能把握和驾驭的。

但是开弓没有回头箭。面对曾经的承诺、面对家人的期盼，只能硬着头皮咬着牙往下走……

太难了！其间数度放弃、断断续续，随时处于千方百计而又走投无路的地步。最后只能，不问结果、只当学习；边学边译，边译边学……好似以针挑土的愚公移山……

最终在我发狠的压力下，一鼓作气终于脱稿。回首望去，原著译成中文才五万七千多字，竟历时两年零七个月！孩子也从一个未满22岁的小青年，变成了一个近25岁的青年。虽然说不上“字字看来皆是血”，但其艰辛困苦、坚韧赤诚，亦可见一斑！

作为译稿的第一个读者，真的是既自豪又感慨！

译稿最初的基本情况还算是超出了我的期望。但日语实在是太“暧昧”了，疑点仍然不少。于是，我又亲自拿起原著，不懂日语却一句话一句话、一个词一个词地向孩子讨教、追问原意，“逼着”他从日语的角度又一再揣摩，反复修改、不断提升。就像一个盲人，每天逼着别人描述世界的真实美丽，因心中期盼又看不见、不满意而时常焦躁、愤怒不已。

幸好，我们有一把共同的尺子。那就是四大逻辑：战略逻辑、商业逻辑、生活逻辑、文化逻辑。我本人与作者的职业资历极其相似，同时兼具经营者、咨询顾问和老师三位一体的身份，都拥有20年以上的专业实战经验。所以，我非常能够“感觉”出作者的本意和趣旨。

逐字逐句斟酌、讨论、理解研究，因我不懂日语，只能不断通过句子里看似中文的词汇提出质疑，所以进度很慢；同时对译文的定位要求，还在一再提高（如“序”中“译文特色”所言），这样一天几个小时，又达数月之久。

面对此情此景，孩子多少次几欲崩溃。

最终，我坚信一点，只要“四大逻辑”是通的、经得起推敲，翻译就应该基本是准确的。否则，不就等于写出了另一本新的战略专著——岂不更有价值?！

这本译作，就是这样，用时间、用意志、用精神去煎熬，一个字一个字“抠”出来的、一点一点打凿出来的、一滴一滴用处子的心血浇灌出来的！以孩子当时的资历，翻译能够达到这个样子，即使作为父亲，也不得不用两个字来形容：奇迹！

可以肯定，译文不会像常见的职业译者或专家教授翻译的那样“老到圆滑”，它略显生涩，甚至稚气。但也许恰恰因为如此，译文才有了一种全新的气象、一种纯真的敏锐、一种直觉的准确和一种鲜活的忠实！

对译文自我感觉“良好”之后，又特请好友、百果园副总经理（日本横滨国立大学硕士、曾任日本某国际大企业部门主管，在日本生活、工作近10年）袁峰先生审阅。袁先生对译文给予了较高评价，同时对一些关键部分的翻译表达，也提出了专业的意见和建议。

为了实战验证，又将译稿的主要内容，在广州“商道秘宗—高手进修班”上用一整天的时间，向来自全国的近百位企业家讲授分享，获得了一致好评及很高期待。

在本书筹划出版之际，孩子已踏上了赴日求学之路。此间，我们又不断重读译文，稍觉疑义之处，又通过微信、电话交流，或直接请教在读学校的日本老师，一直精进不止，修改提升直至付梓的最后一刻。

我们深知自己的“身量”，难免如履薄冰，只怕有负作者、有误读者（罪过！）。虽然已经尽力，依然心有余悸。若有不妥，万望海涵！

百果园董事长余惠勇先生、副总经理袁峰先生，深圳市零售商业行业协会执行会长花涛先生对本书的出版给予了大力支持，在此一并表示谢意！

感谢日本友人大林弘幸伉俪，在本书的中文版权引进过程中所给予的热心推动。

最后，还要感谢海天出版社杨五三先生。杨先生身为教授、博导、编审，如此高级别的“责任编辑”，却以包容的胸怀、悲悯的情怀、欣喜的期许，对待我等稚弱的新意事物，不弃译释文稿的简陋粗鄙，愿意帮助出版；同时使文稿中的“差异化”亮点，不被学究式地“编杀”，而得以原生态地鲜活呈现。这不仅是他深厚专业素养的具体体现，更是高超战略思维与伟大“深圳精神”的真实写照！

鞠躬

文康盐携子文渡函

2015 年 8 月敬识于广州、东京